项目知识情境与知识推荐方法研究

徐 进 著

科学出版社
北京

内 容 简 介

针对项目知识共享与重用中的关键问题——项目知识情境的描述与项目知识推荐，本书归纳分析了项目知识情境因素的构成，探索了包含各类情境要素的规范表示项目知识的可行方法，阐释了不同项目知识活动中基于知识情境的项目知识推荐机理，设计实现了基于上述方法的项目知识情境表示框架和项目知识推荐算法。本书的研究为考虑情境信息的项目知识精确描述与个性化传递，提供了有效的理论框架与实现途径，为促进企业的项目知识共享，提高项目管理信息化、知识化水平提供了科学的理论与方法依据。

本书可作为高等院校中项目管理、知识管理、信息管理等相关专业研究生和高年级本科生的参考书，也可供从事项目管理、知识管理的管理人员参考使用。

图书在版编目(CIP)数据

项目知识情境与知识推荐方法研究 / 徐进著. —北京:科学出版社，2020.6
ISBN 978-7-03-061067-6

Ⅰ.①项… Ⅱ.①徐… Ⅲ.①企业管理-项目管理-知识管理-研究 Ⅳ.①F272.4

中国版本图书馆 CIP 数据核字 (2019) 第 070189 号

责任编辑：华宗琪 / 责任校对：彭 映
责任印制：罗 科 / 封面设计：墨创文化

科学出版社 出版
北京东黄城根北街 16 号
邮政编码：100717
http://www.sciencep.com

四川煤田地质制图印刷厂 印刷
科学出版社发行 各地新华书店经销

*

2020 年 6 月第 一 版　开本：B5 (720×1000)
2020 年 6 月第一次印刷　印张：10 1/4
字数：206 000

定价：109.00 元
(如有印装质量问题，我社负责调换)

前　言

　　项目知识共享与重用对项目组织非常重要，它可以有效缩短项目进度、降低项目成本、提高项目质量和客户满意度。项目知识推荐是项目知识共享与重用的一个关键问题，即如何在适当的情境下，把适当的项目知识推荐给适当的项目成员。其中，情境是项目知识推荐需要考虑的非常重要的因素。对项目知识而言，其情境特征决定其可以满足哪些项目人员的知识需求；对于项目成员而言，所处的情境不同，其对项目知识的需求不同；对于项目组织而言，其情境将影响项目知识的形成以及项目人员对知识的需求。项目知识推荐问题可以分解为项目知识表示方法与项目知识推荐算法两个基本要件。但是，现有研究中缺乏对项目知识情境信息的考虑，尚缺乏比较全面地阐释项目知识情境内容的研究，也缺乏比较完整规范的方法来指导、开展基于知识情境的项目知识共享。

　　针对上述问题，本书归纳分析了项目知识情境因素构成，探索了包含各类情境要素的规范表示项目知识的可行方法，阐释了不同项目知识活动中基于知识情境的项目知识推荐机理，设计、实现了基于上述方法的项目知识情境表示框架和项目知识推荐算法。具体来讲，本书包含的主要研究内容如下。

　　(1) 项目知识情境构成因素分析。本书讨论了项目知识与组织情境的关系，对项目知识情境进行了定义。通过大量的文献分析，本书归纳梳理了组织情境的相关构成要素，在此基础上，整理了项目知识情境所包含的因素。根据项目知识活动的内容，将其划分为项目知识活动的基本情境因素、项目知识产生/获取情境、项目知识存储情境、项目知识共享/传递情境和项目知识应用情境，并构建了不同项目知识活动情境的内容框架。

　　(2) 项目知识情境的表示方法研究。本书选取了基于本体的知识表示方法来进行项目知识表示。结合本体描述语言，本书拟制了基于本体的项目知识情境表示的基础方法，采用类、个体/实例、属性、约束来描述项目知识情境。进而，本书提出了基于本体的项目知识情境表示框架，包括基于本体的项目知识情境的基本组件表示，以及基于本体的项目知识活动的情境表示。

　　(3) 基于知识情境的项目知识推荐方法研究。本书通过对项目知识情境的时间轴划分，以及对项目知识推荐过程的分析，建立了基于知识情境的项目知识推荐框架。根据本体匹配的基本过程与方法以及项目知识情境的内容维度划分，本书提出了项目知识情境的相似度计算及匹配方法，设计了不同场景下的项目知识情境实例构建与推荐算法，并建立了考虑知识情境的项目知识推荐系统原型，验证了所设计的上述方法、框架、算法的可行性。

综上所述，本书的研究阐明了基于知识情境的项目知识表示与推荐的机理，为包含情境信息的项目知识的精确描述与个性化传递提供了有效的理论框架和实现途径，为促进企业的项目知识共享，提高项目管理信息化、知识化水平提供了科学的理论与方法依据。

目　　录

第1章　绪论 ·· 1
　1.1　对项目知识共享方法与技术的需求 ······························ 1
　1.2　项目知识共享与重用面临的挑战 ·································· 1
　1.3　项目知识推荐问题 ··· 2
　1.4　本书的研究内容 ·· 3
　1.5　本书的章节结构 ·· 4
第2章　国内外相关研究情况 ·· 6
　2.1　项目知识管理的研究情况 ·· 6
　　2.1.1　对项目知识管理的框架性研究 ································ 6
　　2.1.2　从组织层对项目知识管理行为的研究 ······················· 8
　　2.1.3　从团队层对项目知识管理行为的研究 ······················· 9
　　2.1.4　对项目知识管理相关评价指标的探讨 ······················ 10
　　2.1.5　从信息化角度对项目知识管理的探讨 ······················ 11
　　2.1.6　对项目知识管理的研究总结 ·································· 12
　2.2　推荐系统的研究情况 ·· 14
　　2.2.1　国外对推荐系统的研究 ·· 14
　　2.2.2　国内对推荐系统的研究 ·· 15
　　2.2.3　对推荐系统的研究总结 ·· 16
　2.3　知识推荐的研究情况 ·· 16
　　2.3.1　国外对知识推荐的研究 ·· 16
　　2.3.2　国内对知识推荐的研究 ·· 17
　　2.3.3　对知识推荐的研究总结 ·· 17
　2.4　知识情境的研究情况 ·· 18
　　2.4.1　国外对知识情境的研究 ·· 18
　　2.4.2　国内对知识情境的研究 ·· 21
　　2.4.3　对知识情境的研究总结 ·· 22
　2.5　本章小结 ·· 22
第3章　项目知识情境构成因素分析 ····································· 25
　3.1　项目知识体系与分类 ·· 25
　　3.1.1　知识的类型 ··· 25

3.1.2	项目知识体系	26
3.1.3	项目知识分类	27

3.2 项目知识情境概述 29
3.2.1 项目知识与组织情境的关系 29
3.2.2 组织情境与知识情境的范畴 29
3.2.3 项目知识情境的含义 30
3.3 组织情境包含的内容 31
3.3.1 组织情境的分类框架 31
3.3.2 信息系统相关的组织情境因素识别 32
3.3.3 组织情境的其他相关因素识别 42
3.3.4 对组织情境内容构成的总结 46
3.4 项目知识情境的因素构成划分 47
3.4.1 基于知识活动过程的项目知识情境划分 47
3.4.2 项目知识活动的基本情境因素 49
3.4.3 项目知识产生/获取情境 56
3.4.4 项目知识存储情境 57
3.4.5 项目知识共享/传递情境 58
3.4.6 项目知识应用情境 59
3.5 本章小结 60

第4章 项目知识情境的表示方法研究 62
4.1 知识表示及其方法概述 62
4.1.1 知识表示的含义 62
4.1.2 知识表示的常见方法 62
4.1.3 知识表示方法的选取原则 64
4.1.4 本体与知识表示 64
4.1.5 本体描述语言 65
4.2 基于信息系统的项目知识 67
4.2.1 项目知识管理信息系统 67
4.2.2 基于信息系统的项目知识形式与分类 67
4.3 基于本体的项目知识情境表示的基础方法设计 68
4.3.1 个体 68
4.3.2 类 69
4.3.3 属性 73
4.3.4 约束 83
4.4 基于本体的项目知识情境表示框架设计 87
4.4.1 基于本体的项目知识情境的基本组件表示 88

4.4.2	基于本体的项目知识活动的情境表示	97
4.5	本章小结	100
第5章	**基于知识情境的项目知识推荐方法研究**	**102**
5.1	基于知识情境的项目知识推荐框架设计	102
5.1.1	项目知识的推式共享	102
5.1.2	项目知识情境的时间轴划分	103
5.1.3	基于知识情境的项目知识推荐框架结构	105
5.2	项目知识情境的匹配方法设计	107
5.2.1	本体匹配的基本过程与方法	107
5.2.2	项目知识情境的内容维度划分	111
5.2.3	项目知识情境相似度的计算方法	113
5.3	不同场景下的项目知识情境实例构建与推荐算法	119
5.3.1	项目知识产生/获取活动情境建模与推荐算法	120
5.3.2	项目知识存储活动情境建模与推荐算法	121
5.3.3	项目知识共享/传递活动情境建模与推荐算法	122
5.3.4	项目知识应用活动情境建模与推荐算法	124
5.4	考虑知识情境的项目知识推荐系统原型	125
5.4.1	系统功能架构	125
5.4.2	基于案例数据的系统运行验证	126
5.5	本章小结	135
第6章	**总结与展望**	**136**
参考文献		**138**
后记		**154**

第 1 章 绪 论

1.1 对项目知识共享方法与技术的需求

进入 21 世纪以后，为了适应多变的经营活动环境和客户化的需求，企业/组织的活动很多时候以项目的形式进行[1]。许多企业/组织的日常运作基本上是围绕项目展开的，这样的企业/组织往往被称为基于项目的组织(project-based organizations，PBOs)[2]。PBOs 在跨项目的资源协调和推进整个组织范围的项目知识(project knowledge)共享与学习等方面都面临着越来越多的挑战[2,3]。

(1) 参与项目的人员通常分散在不同的地区甚至全球各地，彼此之间的项目知识共享与协作存在困难。

(2) 由于项目团队往往是临时组建的，当项目团队解散后，项目知识往往也会随之流失。

(3) 由于跳槽频繁，员工在一个企业中工作的持续时间有缩短的趋势，新员工进入企业后需要尽快获知企业中哪些人对自己的相关业务非常熟悉，以便及时寻求帮助；反之，当开始规划一个开拓新市场的项目时，管理者需要尽快知道哪些员工具备相关经验及其详细的相关信息，以便挑选项目组成员。

因而，PBOs 需要有一套行之有效的方法和技术来指导及实现项目内部、项目之间的知识共享与重用[1-4]。与此同时，随着我国经济的发展，也涌现出了很多 PBOs。尤其是近年来国家对基础建设的投资力度很大，工程行业的很多企业都面临需要管理的项目数量越来越多、项目的地理和业务范围越来越广的局面。由此，企业中有经验的员工日益紧缺，很多项目岗位都是新人仓促上任，相关业务知识、经验难以应对项目业务。加强项目的知识共享，可以有效缩短项目进度、降低项目成本、提高项目质量和客户的满意度[5,6]。因此，我国企业迫切需要可行有效的项目知识共享与重用的方法和技术。

1.2 项目知识共享与重用面临的挑战

项目知识是帮助项目组织成功的关键资源，但是对于复杂项目来讲，往往没有一个项目成员能具备完成项目所需要的全部知识和技能。PBOs 需要有效地整合和利用分布在各项目、各部门和成员中的知识资源，以更好地实现项目目标[7]，进而根据项目活动要求，向项目成员提供相应的项目知识，或者为项目成员提供更为方便的知识检索手段[8]。在实际工作中,项目管理者常常面临如下两方面的知识共享与重用的难题。

1. 新项目知识的迅速有效共享难题

在项目执行过程中或执行完毕后,当一个新的项目知识产生并被记录入项目管理信息系统(project management information system,PMIS)后,如何迅速地在组织中共享这个新项目知识?即如何知道本组织中哪些项目需要它?各项目中的哪些项目小组、项目成员需要它?哪些非项目组成员的组织内/外部人员(其他项目利益相关者)需要它?如何在避免信息过载(information overload)并保证信息安全的要求下,把这个新项目知识自动传递给真正需要它的特定岗位的项目成员?

2. 已有项目知识的充分合理利用难题

(1)当新项目开始规划时,如何从已完成的项目和正在进行的项目中找到已经积累下来的并且适用于这个新项目的项目知识?

(2)如何根据任务的分配和工作的执行情况,将对应的项目知识传递给本项目中需要这些项目知识的项目小组和项目成员?尤其是如何根据项目进展,在员工正在或将要从事某项工作时,准时、及时地(just-in-time,JIT)把对应的支撑知识传递给该员工?

1.3 项目知识推荐问题

本书把上述项目知识共享与重用的难题归结为项目知识推荐(project knowledge recommendation)问题,即如何在适当的情境下,把适当的项目知识,推荐给适当的项目利益相关者,实现项目知识的共享与重用[9]。

其中,情境(context)是项目知识推荐需要考虑的非常重要的因素。例如,与项目知识内容直接相关的情境可包括知识的内容特征、知识创建者的信息、知识创建时的各类背景信息、知识运用的规则和条件等;与项目人员相关的情境可包括所从事的工作岗位、正在或即将从事的工作任务,以及个人教育背景、工作经历、兴趣、所处的时空位置等;与项目组织相关情境可包括多层面(项目小组、项目团队、所属企业)的组织架构、人员构成、业务范围、运作状况、财务状况、地理分布等。对项目知识而言,其情境特征决定其可以满足哪些项目人员的知识需求;对于项目人员而言,所处的情境不同,其对项目知识的需求不同;对于项目组织而言,其情境将影响项目人员的需求和项目知识的形成。

要解决上述项目知识推荐的问题,需要进行以下几个环节。

首先,需要用一种具备情境要素的项目知识表示方法(简称项目知识表示方法)来描述多种类型项目知识的特征、知识接收者(项目人员)的特征和知识传递环境(项目组织)的特征。其中,知识表示是为描述知识而做的一组约定,是知识的符号化、形式化或模型化[10]。

其次,需要有一种基于情境的项目知识推荐算法,阐释基于情境的项目知识推荐的机理与运作过程,即项目知识与知识的接收者(项目人员)之间的匹配关系,以及二者与知识传递的环境(项目组织)之间的交互关系。

最后,上述方式和算法需要能够基于信息技术来实现,尤其是可根据情境特征的变化来触发、调整项目知识推荐的行为(即情境敏感,context-sensitive),以真正实现项目知识推荐的自动化。因此,需要设计一个基于上述方法的对情境敏感的项目知识推荐信息系统原型。

上述三个环节彼此衔接,一环扣一环,才能完成对项目知识的及时、准确推荐。

1.4 本书的研究内容

基于上述问题,本书的研究内容可以概括为如下三个方面。

1. 情境要素的归纳整理研究

情境要素的归纳整理研究即归纳项目知识相关的情境要素。分析找出在进行项目知识共享与重用时,需要获知项目知识、知识接收者(项目人员)和知识传递环境(项目组织)的哪些情境要素的信息以保障知识推荐的及时性与准确性。

2. 项目知识情境表示的方法与框架研究

项目知识情境表示的方法与框架研究即选取、拟制项目知识情境表示的具体方法。目前使用较多的知识表示方法主要有谓词逻辑表示法、产生式表示法、框架表示法、语义网络表示法、面向对象表示法、基于本体的知识表示法等。这些方法各有优缺点。需要通过比较、探讨来选择一种或混合几种知识表示的方法,在此基础上针对项目管理的特点,发展出针对项目知识、项目任务、项目人员和项目组织等情境主体的表示方法与框架。

3. 基于知识情境的项目知识推荐方法研究

项目知识推荐从 PBOs 的范围来讲,有三个层面的推荐范围,即单一项目内部、组织内多项目之间,以及项目成员与组织内外的非项目成员之间,如图 1-1 所示。本书主要研究在同一组织内部的项目成员之间通过知识情境匹配实现推荐的项目知识推荐算法。此外,本书将通过设计一个项目知识推荐系统原型来应用所提出的项目知识情境表示方法和项目知识推荐算法。

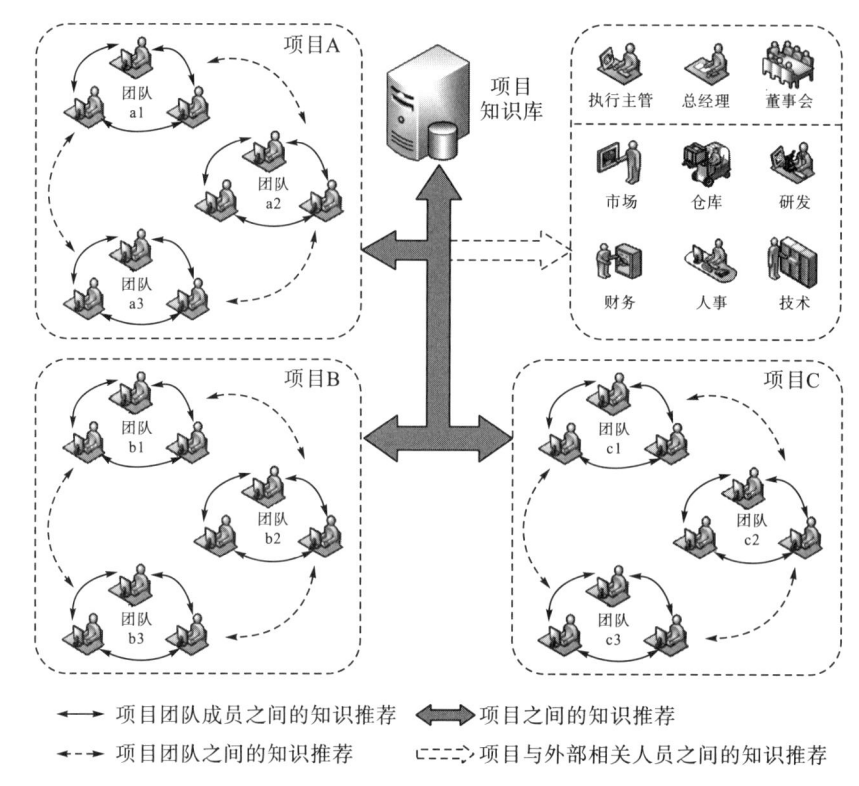

图 1-1　不同组织范围的项目知识推荐示意图

上述三部分研究内容是相互关联、环环相扣的，本书首先需要整理归纳与项目知识相关的情境要素，其次根据这些情境要素的内容与特点，设计项目知识情境表示的方法与框架，最后以该表示方法为基础，构建项目知识情境模型，用于基于知识情境的项目知识推荐。

1.5　本书的章节结构

本书一共分为 6 章，后面的章节内容结构如下。

第 1 章讨论了项目知识共享的需求与挑战，提出项目知识推荐问题，介绍本书的研究内容。

第 2 章从多角度回顾了国内外的相关研究，包括项目知识管理、推荐系统、知识推荐、知识情境等方面。

第 3 章阐述了项目知识的体系与分类，讨论了项目知识与组织情境的关系以及项目知识情境的含义，从多个角度分析了组织情境及项目知识情境的构成因素，并根据项目知识活动的特点对项目知识情境的因素进行了划分。

第 4 章首先回顾了知识表示的常见方法，进而采用本体描述语言拟制了基于本体的项目知识情境表示的基础方法，在此基础上提出了基于本体的项目知识情境表示框架，阐释了项目知识情境的组件和项目知识活动情境的具体表示方式。

第 5 章分析了项目知识情境的时间轴划分，提出了基于知识情境的项目知识推荐框架，根据本体匹配的基本过程与方法，结合项目管理的特点，提出了基于本体的项目知识情境匹配方法以及不同场景下的项目知识情境实例构建与推荐算法，并构建了系统原型，验证了所设计方法的可行性。

第 6 章概括了本书的研究成果与创新之处，指出本书的研究中还存在的不足之处，展望未来可以继续深入研究的问题。

第 2 章 国内外相关研究情况

本书的研究内容属于一个比较新的交叉研究领域，主要涉及项目管理研究领域中的项目知识管理(project knowledge management)、信息系统研究领域中的推荐系统(recommender / recommendation system)、知识管理研究领域中的知识推荐(knowledge recommendation)和知识情境(knowledge context)，以及组织行为学中的组织情境(organizational context)等几个方面。国内外关于上述几个方面的研究都已开展，有的已经很深入(如推荐系统)，有的刚刚起步(如知识推荐)，但是直接针对本书提出的问题的研究较少。

2.1 项目知识管理的研究情况

在 20 世纪 90 年代中期以前，对项目知识管理的研究基本上围绕着对项目管理知识体系(project management body of knowledge，PMBOK)的讨论与制定展开[11]。但是，PMBOK 主要是针对日常项目管理业务中所涉及的管理知识进行了抽象概括，建立了对应的知识框架，用于针对项目管理者的管理知识教育与培训，并不能等同于具体项目中所用到的知识，也没有详谈如何管理项目知识[11]。从 20 世纪 90 年代中期开始，随着知识管理热潮在各应用领域的兴起，学者们的研究逐步拓展到讨论项目知识管理的各方面的应用。下文根据现有研究的内容从不同角度对国内外的项目知识管理研究情况进行分析[12, 13]。

2.1.1 对项目知识管理的框架性研究

1. 对项目知识产生、获取与共享的过程与框架研究

Ayas 指出知识学习是项目管理的关键战略因素，并从知识学习的角度剖析项目管理，提出了如何构建有利于知识创造和共享的项目网络结构(project network structure)[14]。Hall 和 Andriani 讨论了应用于新产品开发项目中的知识共享方法与技术的发展[15]。Fong 回顾了关于团队的知识创造过程的文献，阐释了在跨学科项目团队中进行知识创造的过程，以及过程各环节之间的关系[16]。Kasvi 等讨论了一个在项目组织和项目中如何管理知识与知识能力的学习程序模型框架[17]。Liebowitz 和 Megbolugbe 讨论了帮助项目管理者理解和实施知识管理的一般方法框架[18]。Schindler 和 Eppler 总结回顾了从项目中记录经验知识的已用方法及其应

用，并将其区分为两类：基于过程的报告方法(process-based debriefing methods)和基于文档的报告方法(documentation-based debriefing methods)[19]。van Donk 和 Riezebos 通过案例展示了基于项目的组织中知识库存(knowledge inventory)的测量方法[2]。Nielsen 和 Madsen 提出除了传统的正式的项目文档共享方法和项目反思方法外，还可以采用讲故事的技巧(storytelling techniques)在多个 IT 项目之间获取和共享知识[20]。Boh 归纳总结了 PBOs 中知识共享的机制(knowledge-sharing mechanism)，描述了一个区分 PBOs 采用的知识共享机制的框架，指出需要根据组织的大小、地理分布以及工作任务特点来采用不同的知识共享机制[7]。Jackson 和 Klobas 以信息系统开发项目为例，基于社会构成理论(social constructivist theory)和启发式方法建立了一个可以强化项目知识环境的知识产生与共享过程模型[21]。Ku 等从宏观和微观角度对合资项目情境下的知识管理研究进行了综述，并采用一个企业本体模型分析了集成电路产业中合资项目的知识管理过程[22]。

2. 对项目知识集成的框架研究

Newell 和 Huang 阐释了在大型组织跨职能领域项目(cross-functional project)执行过程中知识集成的机理，认为其从本质上来讲是一个使项目组织成员提升项目效益和管理社会网络(social network)的过程[23]。Ramaprasad 和 Prakash 讨论了新兴项目管理的方法，指出在全球化的经济环境下，项目管理者可以通过这种方法超越国家、地区、民族、文化以及组织和行业的边界，提取本地化的知识，并将它与本企业的全球化的知识集成起来，从而使用这些知识去更有效地管理项目[24]。Ebert 和 Man 阐述了在软件工程项目的产品生命周期管理中如何对关于项目、项目产品和项目过程三方面的知识进行集成[25]。

国内仇元福等学者根据项目管理运作的特点，分析了项目管理过程中可能出现的各类知识集成的对象，阐释了在项目管理过程中知识集成的机理，描述了项目知识集成系统的功能模型[26]。李红兵和李蕾以工程项目为背景，论述了项目管理中的知识管理过程，指出项目环境下的知识集成应建立在信息集成的基础上[27]。王娟茹和赵嵩正讨论了项目管理中知识有效集成的四种机制[28]。张喜征讨论了创新性虚拟项目团队知识整合所需的人际关系网络联系结构及知识整合的工作模型与步骤[29]。贾晓霞和周溪召描述了面向合作研发项目的企业知识集成管理模式，强调了企业知识管理目标、文化、组织、信息、方法和过程的集成性[30]。孙中桥对组织项目的知识管理结构及应用方法进行了分析研究，把知识管理的结构分为人员结构、内容结构、技术结构和处理过程结构[31]。张新元和梁丽雅认为将知识集成的工作流系统应用于企业的项目管理中，能够使企业的知识管理和业务流程管理有效地集成起来，并以工作流管理联盟的基本工作流模型为基础，讨论了知识集成的工作流系统框架[32]。

2.1.2 从组织层对项目知识管理行为的研究

1. 组织中项目知识转化/转移的模型与过程

Owen 等讨论了项目管理环境下的知识重用与转移模型，指出项目知识管理战略需要和项目的社会网络、技术、过程以及企业文化相匹配[33]。Laframboise 等研究了在 IT 项目中 IT 部门的知识管理能力如何影响其向非 IT 部门的知识转移（knowledge transfer），指出知识基础结构能力（knowledge infrastructure capabilities）与知识转移的成功密切相关[34]。Ordanini 等通过创意产业（如电影、音乐、出版等）的新产品开发项目案例的分析，认为使用基于项目的结构进行管理活动可以促进知识的创造、保持与转移[35]。

赵坤和孙锐从项目群管理的战略层和运作层两个层面入手，设计了项目群管理的知识转化模型[36]。刘辉阐述了基于项目企业的知识转化模型[37]。王能民等探讨了项目间知识转移的过程模型及项目间知识转移的特征，用任务环境、结构特性、行为要求（可以看成组织文化）等三方面来界定主要的项目情境变量[6]。王彦忠探讨了一个项目生命周期过程中所生成的知识如何在后续项目中得到重新利用，即知识复用问题[38]。古继宝等对知识密集型企业项目组间知识转移进行了博弈分析[39]。

2. 组织中项目知识共享的机制

李绍伟和路征远讨论了工程项目公司知识共享与创新的平台的建立和促进该平台运作的机制[40]。赵璐和丁烈云分析了施工项目成本管理过程中的知识流特征，案例讨论了项目成本知识的共享与应用机制[41]。张喜征等分析了多方参与下项目开发组织进行知识共享的优势与障碍，阐述了知识编码、团队融合及综合化的知识共享策略，讨论了项目开发组织的知识共享演化仿生模型[42]。李晓明等分析了软件项目中显性知识与隐性知识的互动转化过程[43]。

3. 组织文化与项目知识管理的关系

Koskinen 等讨论了哪些社会约定（social engagement）会促使项目工作情境中的隐性知识获取与共享，并认为面对面的交流环境会增强隐性知识的共享，而语言的运用、相互间的信任等因素会影响隐性知识的有效利用[44]。Adenfelt 和 Lagerstrom 调查认为在跨国运作项目中组织文化对知识创作与共享最为重要[45]。Brookes 等调查阐释了项目情境下的项目社会网络和项目社会资本（project social capital）的概念框架，并指出可以通过提高该框架的连通性和传导性来改善项目知识管理[46]。Eskerod 和 Skriver 通过案例研究发现组织文化往往会抑制项目管理者之间的知识转移[47]。Ajmal 和 Koskinen 认为调整组织文化使其接受、采纳并运用新的知识转移活动可以促进 PBOs 的有效知识转移，并且项目经理必须把若干不同的组织与职业文化融合为一个项目文化才能实现有效的项目知识管理[48]。Petter 和 Randolph 访谈讨论了社会规范与组织的状况如何影响项目知识的重用，并根据项目管理经验水平划分了从正式的知识库中获取知识的有效性层次[49]。

4. 项目知识管理与项目成功/绩效的关系

Karlsen 和 Gottschalk 通过实证研究比较了不同的知识转移机制对于 IT 项目成功的影响[50]，认为影响 IT 项目知识传递的因素，包括信息技术、系统与程序、文化等[51]。Desouza 和 Evaristo 通过对 IT 组织项目管理办公室的调查，系统性地描述了 PMOs 的概念、特征与分类，并列举了 PMOs 的关键成功因素[52]。Newell 等讨论了为什么跨项目的知识转移常常失败，通过对 6 个组织 13 个项目调查与数据分析，他们认为有些类型的知识适合通过信息通信技术传递，有些类型的知识采用社会网络的形式则更加有效，在实际应用中把这两种方式结合起来应用最有效果[53]。Burgers 等考察了在新业务发展项目中不同类型知识(技术知识与市场知识)的产生与项目管理特征之间的关系，以及它们对 NBD 项目成功的影响[54]。Fong 和 Kwok 调查发现知识管理的主要策略(编码和个性化)在项目中应用的比例基本相同，并且管理层支持是知识管理系统成功的关键因素[55]。吴志新通过问卷调查分析验证了企业知识共享能力显著影响对日软件外包项目的成功[56]。

2.1.3　从团队层对项目知识管理行为的研究

1. 团队层面项目知识转化/转移的模型与过程

王连娟提出密切性对项目团队隐性知识管理有重要意义，并在密切性基础上建立项目团队隐性知识管理整体框架[57]。王连娟等讨论了项目团队中的隐性知识管理，从隐性程度角度对项目隐性知识进行分类[58]。李颖比较分析了强联系和弱联系在跨项目团队知识共享过程中的作用[59]。楚岩枫和黄晓琼讨论了针对复杂产品系统研发项目，在项目团队层面的项目知识转移的有效性评价模型[60]。

2. 团队运作模式与项目知识管理的关系

Bresnen 等认为在项目环境中，进行知识获取、传送和学习的过程十分依赖于项目的社会组织模式、活动与过程，需要在管理项目知识的时候考虑基于组织团体的项目知识管理方式[61]。Fong 针对关于知识创造和团队过程的文献进行了回顾，阐释了在跨领域项目团队中进行知识创造的过程[16]。Hewitt 和 Walz 认为在信息系统开发项目中团队间领导关系的共享可以促进知识的共享与传递[62]。Ruuska 和 Vartiainen 指出项目组织中的非正式或半正式团体可以促进知识共享，讨论了这些团体的各种特性对知识共享的影响[63]。Whyte 等通过比较研究认为特定形式的可视化/形象化工具可以帮助项目团队更好地在基于项目的工作中理解和管理知识[64]。Ratcheva 认为跨领域项目团队可以通过跨边界活动，以及与多个专业和社会团体的接触，利用内在的知识多样性成功地集成知识[65]。

3. 团队成员特征与项目知识管理的关系

Ojha 研究了软件项目团队的人员构成特征对项目团队内部知识共享的影响[66]。Marloes 等认为针对项目团队成员间的知识共享行为，信任对其的作用有限，而彼此之间的关系的影响最大[67]。Sowe 等通过对邮件的发送和回复行为的分析，研究了开源软件项目中员工间的知识共享行为特征[68]。

张喜征和刘祚艾研究了项目开发中多个主体间知识传递的特点及机制，并构建了对应的知识转移和演化仿真模型[69]。汪克夷等构建了项目团队知识共享影响因素模型，应用多元回归分析了不同影响因素对建筑施工项目团队知识共享的差异化影响[70]。单汨源等以计划行为理论为基础，列举讨论了影响项目成员知识共享行为的因素[71]。王连娟认为项目团队成员的个体学习主要受个体所掌握的知识、性格特征、态度、沟通风格、社会关系网络等因素的影响[72]。李倩等通过实证研究验证了在项目团队中情感冲突对知识转移有负效应，信任对冲突与知识共享关系有调节作用[73]。

4. 项目知识管理与团队成功/绩效的关系

Akgun 等讨论了新产品研发项目中知识网络的特性，发现团队稳定性、团队成员间的熟悉程度、相互之间的信任等因素对项目团队学习及新产品项目的成功有着正面的影响[74]。Kotlarsky 和 Oshri 研究了在分布式信息系统开发项目团队中知识共享对协作成功的作用[75]。Bandyopadhyay 和 Pathak 采用博弈论方法分析了外包项目中的知识共享与协作，强调高层度的员工之间的知识互补可以取得更好的外包收益[76]。Tesch 等调查指出用户的系统开发知识与开发人员的应用领域知识结合对项目成功有着显著的影响，并且用户与开发人员之间组成团队来解决问题的互动越多、越深入，项目就越容易成功[77]。

2.1.4 对项目知识管理相关评价指标的探讨

Prencipe 和 Tell 分析了基于项目的企业的知识学习特性，并针对企业的项目间知识学习与共享的能力划分了层次[78]。李蕾讨论了项目环境下知识管理能力的评价指标体系[79]。应晓磊和强茂山通过定性识别影响工程建设项目管理绩效的多项知识管理要素，对我国工程建设项目知识管理的要素和项目管理绩效进行了问卷调研，并定量分析了这些要素对项目管理绩效的影响[80]。安红昌等讨论了信息系统项目管理中知识管理评价指标体系，并通过实证验证了该体系[81]。蒋天颖和丰景春拟制了工程项目知识管理风险预警指标体系，并利用神经网络方法针对该体系在实际项目中的应用进行了评价[82]。赵峰拟制了企业创新项目R&D活动中知识管理绩效的评价指标体系，并采用数据包络的分析方法在实际项目中进行了验证[83]。于建政和汪克夷通过实际的建筑施工项目，开发了一套项目知识共享测量量表，并验证讨论了其可靠性和有效性[84]。

2.1.5 从信息化角度对项目知识管理的探讨

具备有效共享项目知识的能力是PBOs这类组织成功实施项目的重要因素，信息系统的应用可以提升组织的这种能力[85]。也有学者建议项目管理者应该更多地考虑如何使项目知识更加可视化或形象化，而信息系统正是这类工具的重要组成部分[64]。由此可见，针对项目知识的信息化管理与应用非常重要。

1. 基于知识的系统在项目管理中的应用

1985年11月，在伦敦召开的一次关于人工智能与专家系统的会议上，多位与会者提出并讨论了基于知识的系统(knowledge-based systems，KBS)在项目管理中的应用[86]，由此使得项目管理系统从20世纪50年代开始的工作测定系统，经由CPM(critical path method，关键路径法)系统、PERT(program evaluation and review technique，计划评价与审查技术)系统，再到计划与决策支持系统，逐步开始进入基于知识的系统时代[86]。基于知识的系统是一个可以对一整套知识体系进行表达，以及用这些知识来进行推理和解决特定应用领域问题的系统[87]，其构建过程本身也需要项目管理，早期的讨论正是从软件项目的建设管理过程中如何集成知识，以及如何应用项目管理开始的[88, 89]。例如，Taylor描述了一个为控制知识系统项目而开发的集成项目生命周期的模型，并介绍了应用这个模型对项目管理知识进行建模的想法[87]。Diekmann和Al-Tabtabai阐述了利用基于知识的系统进行建筑项目管理控制的设想[90]。Bohanec等展示了一个用于项目评估的知识系统模型实例[91]。Leung等设计了一个帮助项目管理者辨别潜在项目风险因素的KBS模型[92]。Neap和Celik描述了一个在建筑项目中进行的建筑临界值控制的KBS实例[93]。Tian等设计了一个用于中国国家自然科学基金研究项目选择的综合决策模型和知识规则的决策支持系统[94]。Garcia等讨论了如何构建应用于软件项目管理中的知识发现驱动的决策支持模型，用于评估软件的规模大小[95]。但是这些研究基本都是各类基于知识的系统在项目管理中的应用讨论，并没有把关注点放在"项目知识"上。

2. 项目知识门户

部分学者讨论了项目管理中对知识门户(knowledge portals)系统的应用。例如，Barthes和Tacla采用群件技术和多代理技术设计了一个用于在复杂研发项目中进行知识管理的项目门户(project portals)系统[96]。Hameri和Puittinen展示了一个利用万维网技术来提高分布式项目的工作效率和成功率的层次框架[97]。

3. 项目知识获取与重用技术

Tan 等认为在项目执行的过程中及时获取可重用的项目知识非常重要,针对建筑行业开发了包含基于网络的知识库、集成的工作流系统等组件的直播式获取(live capture)与重用项目知识的一套方法[85]。Udeaja 等在文献[85]的基础上发展了一个基于 Web 的系统原型,使得项目运作期间不同的参与者可以在共享的项目知识文件中记录他们所领会的知识,从而便于在项目后期或以后的项目中重用这些知识[98]。

丁祥海和唐任仲指出建立一个基于项目管理工具平台、面向项目过程和项目案例的知识管理系统,有助于企业对项目进行管理和决策[99]。高琰等构建了一个基于软件项目管理的知识语义模型,帮助管理者控制软件开发过程[100]。徐森等介绍知识门户在工程项目管理中的应用设想[101]。郑轶松等讨论了知识地图(knowledge map)绘制的步骤及其在高科技复杂产品项目组织结构中的应用[102]。

4. 其他项目知识管理信息化研究

Damm 和 Schindler 指出面向项目的知识媒介(project-oriented knowledge medium,PoKM)覆盖了项目知识管理的全过程,并讨论了不同组织层面的 PoKM 的不同信息安全要求[103]。Desouza 和 Evaristo 讨论了在分布式项目中进行知识管理的方法,以及不同的系统架构对于文献[103]提出的三类项目知识交换的影响,即项目中的知识(knowledge in projects)、关于项目的知识(knowledge about projects)、来自项目的知识(knowledge from projects)[1]。Singer 描述了把项目中具备特定情境的知识资产结构与对应的具备特定情境的知识资产管理过程相匹配的设想框架,用以实现不同项目和项目团队之间在特定领域的项目计划与执行过程中的知识资产重用与共享[9]。Petter 等通过对项目知识共享的五个相关问题的讨论(why / what / who / how / when),指出了软件项目知识共享工具选择的一般方法[104]。Ku 等采用企业本体模型分析了合资项目的知识管理过程[22]。Chi 和 Chen 描述了项目团队的本体知识模型,并通过案例研究演示了如何利用知识推理来自动挑选合适的项目团队成员,实时组建项目团队[105]。

2.1.6 对项目知识管理的研究总结

从上述对国内外项目知识管理研究的归纳整理情况可以看出,项目知识管理是一个比较新的研究领域。本书把所筛选文献的研究主题进行了分类,如表 2-1 所示。

表 2-1 项目知识管理研究主题与分类

研究分类	研究主题
框架性研究	项目知识管理的体系与机制
	项目知识产生、获取与共享过程框架
	项目知识集成的框架
组织层面对项目知识管理行为的研究	组织中项目知识转化/转移的模型与过程
	组织中项目知识共享的机制
	组织文化与项目知识管理的关系
	组织项目知识共享能力与项目成功的关系
团队层面对项目知识管理行为的研究	团队层面项目知识转化/转移的模型与过程
	团队运作模式与项目知识管理的关系
	团队成员特征与项目知识管理的关系
	项目知识管理与团队成功/绩效的关系
评价指标探讨	项目知识管理能力指标
	项目知识管理共享绩效指标
	项目知识管理风险指标
信息化角度	基于知识的系统在项目管理中的应用
	项目知识门户
	项目知识获取与重用技术
	其他项目知识管理信息化研究

根据对文献的整理与分析，可以看出已有的研究有以下特点和不足。

1. 整体的研究分析

已有的研究整体上可以划分为组织行为与信息化两个研究角度，其中组织行为方面的研究居多(约 3/4)。学者们采用的研究方法不拘一格，包括问卷调查、访谈、案例分析、实地研究、建模、系统分析与设计等。组织行为方面的研究采用问卷调查与案例分析的居多，信息化方面的研究采用系统分析与设计的居多。整体来看，对于项目知识、项目知识管理的具体内涵与外延尚无公认统一的描述，相关理论需要系统化，也有待进行实证检验。此外，对于项目知识管理的定量研究还不多。这与项目知识具有情境敏感的特点，其质和量难以准确衡量有关。因此，定量描述、处理项目知识将是以后研究重点与难点。

2. 组织行为角度的研究分析

在组织行为角度的研究中，一半以上的文献集中在两个主题，即对项目知识管理的框架描述性研究和其对项目成功/绩效影响的讨论。整体来看，此方面的研究尚缺乏对项目知识管理在 PBOs 中应用的构建机制、激励机制的深层次分析，缺乏对项目知识管理过程中的具体业务流程、衔接机制的分析，缺乏对项目团队成员个体和个体之间、个体和团队、组织之间的互动环节分析。

3. 信息化角度的研究分析

在信息化角度的研究中，大半讨论的是各类基于知识的系统在项目管理中的应用讨论，这些系统都只是对文献[48]所提到的第一类知识(技术知识)进行管理，大多没有涉及文献[48]所描述的第二、第三类知识，尤其是业务工作与流程方面的知识。整体来看，还缺乏对项目知识的信息化表示方法的研究，对于项目知识的信息化管理工具与系统实现方法的研究还不多，对用于项目知识获取、转移和共享的信息系统的专项研究也还很少。由此可见，对项目知识信息化管理的研究还有很大的发展空间。

综上所述，项目知识管理是一个比较新的研究领域。虽然国内外的相关研究呈现日益上升的趋势，但是所研究的范围和深度还远远不够，需要学界与企业界更多的关注与参与。已有国内外的研究中从信息化角度对项目知识管理进行研究的较少，尤其是对项目知识管理工具与系统实现方法的研究不多。由此可见，对项目知识管理信息化的理论与应用研究还有很大的发展空间。

2.2 推荐系统的研究情况

2.2.1 国外对推荐系统的研究

对推荐系统的研究是从对信息检索(information retrieval)、信息过滤(information filtering)以及预测理论等方面的研究衍生出来的，从 20 世纪 90 年代中期开始，随着互联网的应用推广而逐渐转变为一个相对独立的研究领域[106]。1997 年 3 月《美国计算机协会通讯》(*communications of the ACM*)推出了一期关于推荐系统的专刊，由此开始了对推荐系统比较系统的研究与应用[107, 108]。尽管对推荐系统的研究已经有了二十多年的历史，但是推荐系统可以在为人们提供相关内容/产品/服务等的个性化推荐(personalized recommendations)的同时避免信息过载问题，使得这个领域包含很多的实际应用与可研究的问题[106, 109]，因此关于推荐系统的研究与应用层出不穷。

推荐系统的研究与应用可以分为三种基本类型：基于内容的推荐(content-based recommendation)、协作/协同推荐(collaborative recommendation)和混合推荐(hybrid recommendation)[106, 110]。国外学者对这三种类型的推荐系统都有不少研究，Adomavicius 和 Tuzhilin 对这些研究进行了很详细的回顾。其中，基于内容的推荐和协作/协同推荐的原理如图 2-1 所示，混合推荐是对二者的综合。

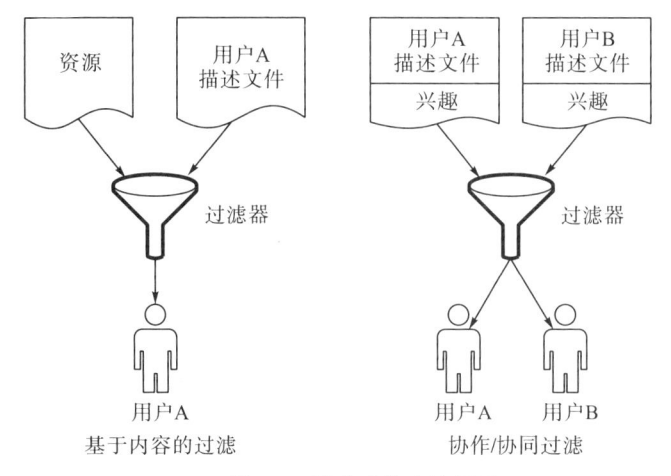

图 2-1 推荐系统方法原理

推荐系统提出后一段时间，有学者开始在研究与应用中加入了对推荐对象的"情境"这一因素的考虑[111]。最近几年，越来越多的学者认为需要把情境信息（contextual information）作为进行推荐时的考虑因素，因为增加对情境信息的考虑可以使推荐系统所得结果更加准确和有效[112]。由此，一些针对情境敏感的推荐系统（context-sensitive recommender systems）或情境感知的推荐系统（context-aware recommender systems）的研究开始涌现[112-116]。

2.2.2 国内对推荐系统的研究

国内对推荐系统的研究起步较晚，早期对推荐系统的研究是从关于个性化的信息过滤和信息检索的讨论开始的[117-119]，到 2003 年以后才开始比较统一地采用"推荐系统/技术"这一称谓进行讨论。大量的研究是从 2004 年左右开始出现的，这与国内电子商务的发展情况相关——国内一些大型电子商务网站（如当当网等）开始应用一些推荐技术在线推荐商品，逐渐引发了国内学者对推荐系统的研究热潮，包括推荐技术和推荐策略两方面的研究[120]。

不少国内学者对推荐系统进行了研究回顾：许敏和邱玉辉介绍了用于电子商务网站的推荐系统的常见类型与特征，包括协同过滤推荐系统、基于知识的推荐系统和结合二者特点的混合式推荐系统，并讨论了推荐系统应用中存在的一些问题[121]。曾春等把个性化服务系统根据其所采用的推荐技术分为基于规则的系统和信息过滤系统［又分为基于内容过滤（content-based filtering）的系统和协作过滤（collaborative filtering）系统］两种，并对相关的国外主要研究成果进行了综述[117]。余力等阐述了电子商务推荐系统的概念、作用及组成构件，提出了推荐技术分类的一种标准，并针对六种主要推荐技术的国外研究情况进行了较为系统的综述（包括基于内容的推荐、基于协同过滤的推荐、基于人口统计信息的推荐、基于规则的推荐、基于效用的推荐、基于知识的推荐),对这些推荐技术的优缺点进行了比较[120],并通过组合基于用户的协同过滤和基于项目(item)的协同过滤算法处理用户多兴趣下的个性化推荐问题[122]。周惠宏等简要回顾了协同过滤推荐系统主要的实现方法,指出了其中尚待改进和完善的地方[123]。吴丽花和刘鲁从数据获取、用户模型的表示、学习和更新四个方面对推荐系统用户建模领域的相关技术进行系统评述[124]。刘平峰等分析与评述了各种电子商务推荐技术的原理、方法、特点、优势和不足,阐述了电子商务推荐系统的研究内容[125]。

2.2.3 对推荐系统的研究总结

根据对国内外研究的归纳整理情况来看,已有推荐系统的研究存在以下几方面的问题:①从行为的角度,针对推荐系统对组织与个人产生的影响/效果的研究很少;②从企业管理角度,对推荐系统的推荐策略的研究不多;③所有推荐系统研究的推荐对象基本上都是顾客,所推荐的标的物大多为商品;④把知识管理与推荐系统结合的研究不多;⑤在项目管理领域应用推荐系统的研究很少。

综上所述,项目知识推荐系统是一种比较新颖的推荐系统,国内外对其研究不多。本书对项目知识推荐方法的研究有助于:①拓展推荐系统的推荐标的,把推荐标的从传统的产品转变为知识,尤其是项目知识;②拓展推荐系统的应用对象,从传统的面向客户/消费者的外部推荐,转变为企业、项目组织的管理业务中面向组织成员的内部推荐;③建立项目知识推荐系统原型,便于实现推荐系统在项目管理领域的新应用。

2.3 知识推荐的研究情况

知识推荐概念的产生源于对及时传递知识的研究设想与实践:Cole 等提出了基于 JIT 方式的知识传递(just-in-time knowledge delivery)这一概念,指出员工需要在适当的时间(right time)获得/传递适当的知识(right knowledge)[126]。Davenport 和 Glaser 认为企业中的知识需要应用 JIT 方式进行传递,知识管理系统应该把特定的知识和员工的工作任务联系起来,在员工正在或将要从事某项工作时,把对应的支撑知识传递给该员工[4]。此后,开始有学者把上述研究设想和推荐系统结合起来,用知识推荐的方式来实现及时的知识传递。

2.3.1 国外对知识推荐的研究

国外对知识推荐的研究主要有:Nakagawa 和 Ito 尝试采用协同过滤推荐系统来解决文档型知识的推荐[127]。Wang 等和 Chen 等考虑了在基于 Web 的学习环下，如何通过一个整合在线字典、图书馆和论坛的知识库，实现学生在进行电子书刊(e-books)阅读时的参考知识推荐[128,129]。Li 等描述了一个用于虚拟社区中知识兴趣组的基于协同过滤方式的知识推荐服务模型，指出主动的、个性化的知识推荐是知识服务的发展趋势[130]。de Rezende 等综合应用代理、学习本体和 Web 挖掘的方法，设计了一个用于知识链(knowledge chains)构建与推荐的个人知识推荐系统[131]。Wang 和 Chang 通过合并运用基于内容的推荐和协同过滤推荐方法，针对虚拟研究团体中显性知识(期刊文章)和隐性知识(讨论信息)传递设计了个性化知识推荐(personalized knowledge recommender)系统[132]。Liang 等通过分析特定用户的文档浏览历史，采用语义扩展方式建立用户描述(user profile)文件，以此为基础实现了个性化的知识推荐[133]。

2.3.2　国内对知识推荐的研究

国内直接针对知识推荐的研究不多，但是有一些文章从知识推送(knowledge push)的角度进行了类似的研究。例如，冯勇和徐红艳针对知识型组织内部知识工作者无法及时、准确获取合适的知识进行决策的问题，给出了一种面向知识型组织的岗位知识推送系统构建框架和系统原型[134]。周明建和陶俊才从语义网络的角度讨论了科学研究知识管理中的知识的准确推送问题[135]。蔡淑琴等根据知识管理系统用户的个性化需求，改进了基于关联规则的知识推荐算法[136]。冯博和樊治平提出了一种面向客户的知识推送模型，该模型分为客户层、通信媒介层、分析/推送层、服务组装层和知识资源层五个层次[137]。冯勇等提出了构建企业客户服务中心知识推送系统的研究设想[138]。贾骥和刘新宇以宝山钢铁股份有限公司与一汽大众汽车有限公司之间的合作为例，讨论了战略客户驱动的个性化知识推送服务实例[139]。江丽萍和康平立描述了一种基于本体的面向知识型组织的知识推送系统模型[140]。赵杨结合语义网格中的关键理论和技术，构建了一个四层体系架构的智能化数字图书馆知识推送服务系统模型，并论述了系统实现的流程[141]。

2.3.3　对知识推荐的研究总结

根据对国内外研究的归纳整理情况来看，已有对知识推荐的研究还不多，而且存在以下几方面的问题。

(1) 大多数的研究，主要集中在对知识推荐的模型探讨上，对其具体实现的方式方法研究不多。

(2) 从技术角度，对所推荐知识应该如何进行表示的研究较少。

(3) 在进行知识推荐的时候，考虑情境信息的研究很少。

因此，本书对项目知识推荐系统的研究有助于解决上述问题。

2.4 知识情境的研究情况

本书对国内外关于知识情境的研究文献进行了整理与分析，力图展示知识情境在企业/组织的知识管理活动中的不同侧面，为对其研究与应用提供参考[142]。

2.4.1 国外对知识情境的研究

国外有很多学者讨论了知识与情境的关系，从不同研究领域描述了知识情境的特性。本书将这些研究划分为行为研究(组织行为/个人行为)和信息技术两个角度。

1. 从行为研究角度对知识情境的探讨

1) 对知识情境特性及其应用的探讨

Whitaker 认为情境对于知识处理而言是既难以捉摸又非常重要的固有要素，在知识收集的过程中尤为重要，因而在企业的知识活动过程中需要对其进行系统化的管理[143]。Nonaka 和 Konno 提出了一个作为知识创新基础环境的概念——"Ba"，认为知识不能与其产生与应用的情境相分离[144]。Germain 等研究了组织管理知识和运作流程知识与情境因素(不确定性和面向大批量生产)之间的关系，发现情境因素通过影响知识间接作用于企业的财务绩效[145]。Foss 和 Pedersen 认为组织情境因素(相互依赖性、内部交易、自主性)是跨国公司内各子公司与母公司之间进行知识转移的重要决策要素[146]。Reinmoeller 和 Chong 认为理解知识情境对于成功管理知识过程非常必要，并从时间与知识过程关系的角度构建了一个理解和利用融合情境的知识的理论框架[147]。Dröge 等研究了企业中知识、情境(包括生产技术规程、技术改变的快速、需求的不确定性)与财务绩效之间的关系，发现情境以知识(尤其是知识的应用)作为中介对绩效产生影响[148]。Fernie 等主张项目知识是嵌入到特定的社会情境中的高度个性化的知识，探讨了在建筑行业中的项目管理者从其他行业的项目机构学习与共享项目知识的途径[8]。Liebowitz 和 Megbolugbe 认为知识是在特定情境中构建起来并发挥作用的，因而知识必须在一定的情境中才能被正确应用，并阐述了其对项目管理者知识活动的影响[18]。Barrett 等认为情境是促进知识社团更好地利用信息与通信技术促进知识学习与共享的重要因素[149]。Sabri 认为知识管理不仅是计算机和信息系统的应用，更是寻求增加员工创新能力的组织过程的体现，因此组织结构、企业文化等情境因素对知识管理基础氛围的形成至关重要[150]。

Kim 和 Lee 调查指出在公共管理部门中组织情境特征(如社会网络、基于绩效的奖励系统、对 IT 技术的使用等)对员工的知识共享行为与能力有着显著的正面影响[151]。Choo 等认为在质量管理活动中进行知识创新与学习时需要重视对情境因素的管理(包括领导支持、资源保障、选取挑战性的工作、建立信任等)[152]。Sveiby 讨论了在组织中妨碍知识共享的因素,发现当对知识的组织情境信息缺乏了解时,知识工作者将不倾向在其工作团队中共享知识[153]。Yakhlef 认为知识转移需要把知识从一种情境转移到另外一种情境,其中必然包含了对知识的内容与情境的相应转化,并据此提出了一个包含情境信息的知识转移建议框架[154]。Williams 也指出知识依赖于情境,对知识情境的理解有利于促进知识的复制与改编吸收,从而进行成功的知识转移[155]。Evangelista 和 Hau 调查了在一个国际合资公司中获取外国合作者的市场知识时受组织情境因素(包括管理承诺、团队合作、关系强度、文化差距等)的影响情况[156]。

2) 对知识情境构成因素的分类与讨论

Gupta 和 Govindarajan 认为跨国公司子公司的战略情境(subsidiary strategic contexts)会影响跨国公司内部的知识流动,并从任务环境、控制机制和管理者行为这三方面来讨论了各情境变量与知识流动之间的关系[157]。Szulanski 以知识转移的过程为主线,从四方面划分了知识转移的情境因素:所转移知识的特性、知识源的特性、知识接收方的特性、转移环境的特性[158]。Kostova 认为社会、组织和关系三类情境因素会从国家、组织和个人三个层面影响跨国公司的经验知识传递[159]。

Argote 等回顾了关于知识管理的研究文献,从知识管理的过程(产生、保存与传递)和知识管理发生的情境两个维度总结出了一个关于知识管理研究的二维框架,其中把知识管理的情境特性划分为三个方面,即知识管理的单位(个人、团队或组织)特性,单位间关系的特性,以及知识本身的特性[160]。Cummings 和 Teng 认为情境是影响企业 R&D 知识转移的关键因素,并把 Szulanski 谈到的知识转移情境[158]变更为知识源情境(knowledge context)、知识接受者情境(recipient context)、知识收发者关系情境(relational context)和知识转移活动情境(activity context)四方面[161]。Thompson 和 Walsham 认为情境是理解知识产生与获取机制的重要理论工具,也是知识不可或缺的组成部分,并借用 Blackler 对知识的分类方法[162],把与个人相关的知识情境划分为五类,即思想上的(embrained)、生理上的(embodied)、文化中的(encultured)、制度上的(embedded)、可明确编码的(encoded)[163]。Joshi 等调查了不同情境因素(包括知识发送方、知识本身、关系和环境四个方面)对信息系统开发项目成员之间知识传递过程的影响,发现那种有较高任务相关能力、较高可信度并经常与团队成员沟通的具备集体主义意识的项目成员可以传递大量的知识[164]。Raghu 和 Vinze 认为情境,尤其是业务流程的情境(business process context),为组织知识管理的成果提供了对其基本原理、产生环境与使用意图的合理化解释,从而可以引导知识的产生、存储、检索与共享,他们指出业务流程情境因素可以从四个方面影响组织知识管理：工作流的执行、信息处理、决策制定和动机构成，并通过对两个不同业务流程的分析来说明其研究设想与应用途径[165]。

2. 从信息技术角度对知识情境的探讨

1) 结合知识情境的信息系统

Ozturk 和 Aamodt 提出了一个融合知识情境的医疗决策支持系统模型[166]。Voida 等探讨了如何设计一个利用虚拟和物理情境信息支持知识工作者进行知识处理与共享的办公室系统[167]。Kwan 和 Balasubramanian 认为往往企业的知识库在建成后却很少有人使用的主要原因就是在知识库中没有把知识和其对应的情境联系起来，据此他们设计了称为"Knowledge Scope"的知识管理系统，该系统通过与工作流的集成使得知识的获取与检索可以伴随着组织过程的处理而进行，这样就把相关的组织情境与对应的知识关联起来，进而在知识库中把知识与其伴随的工作情境信息一起存储起来便于知识的检索和理解[168]。Ahn 等展示了在虚拟协作工作中用于促进情境信息利用的知识情境模型，并基于此模型开发了一个基于Web 的协同系统[169]。Smirnov 等讨论了基于两种类型的情境——抽象概念型和实际运作型，进行知识集成的方法论，以便在网络集中环境中支持运作决策[170]。Deeb 描述了一个多层次的基于本体和情境的协同知识管理系统模型，其中本体用于表达知识及其结构，情境反映了知识对其应用环境的适应性[171]。Liang 等对协同过滤推荐系统中常用的二维用户—项目矩阵(user-item matrix)进行了扩充，增加了"协同过滤的情境"这一维度，从而在进行知识推荐时考虑了不同用户在对项目(item)进行评分时的情境，并用实验验证其可以提高知识推荐的质量与鲁棒性[172]。Zhu 等描述了一个共享与重用基于情境的知识的架构与系统原型，讨论了与之相关的情境建模和情境相似性测量(context similarity measurement)的方法[173]。Bobillo 等描述了用于基于本体的知识库中表达情境依赖知识的模型，即情境—领域相关(context-domain relevance)模型，并以此为基础构建了一个用于流动医疗中心的移动决策支持系统[174]。

2) 考虑知识情境的知识表示与检索

Takashiro 和 Takeda 通过把情境与个人知识整合起来实现了对网页的知识化检索[175]。Bouquet 等讨论并总结了在知识表示和知识推理中对情境进行整合与应用的技术问题[176]。Vallet 等指出在个性化的知识检索中，与用户相关的知识应该结合用户检索的目标、任务等情境信息才能更好地理解，并提出了对用户检索任务情境基于本体的动态描述方法[177]。Richter 认为知识的效用取决于用户及其情境，并讨论了整体、群体和个体三个层面的知识情境在知识检索中的应用[178]。

2.4.2 国内对知识情境的研究

国内学者对知识与情境关系的讨论起步较晚，在近几年才开始逐渐显现，相关研究也呈现日益上升的趋势。

1. 知识情境在行为研究中的讨论

徐金发等认为企业知识的发展与转移依赖于企业特定的情境，在回顾国外有关知识转移中的情境因素研究的基础上，提出企业知识的五个情境维度，包括文化、战略、组织结构和过程、环境、技术和运营等，并进行了相关的案例研究[179]。邱强等认为知识的产生和分享必须要有特定的情境空间作为基础，并重申了 Nonaka 和 Konno[144]提出的"Ba"的概念，认为"Ba"为个人和集体的知识活动提供了平台[180]。王清晓和杨忠认为由于跨国公司所积累的国别性专有知识产生于各东道国特定的社会政治、经济和文化背景下，因此，跨边界知识转移的有效性受到一系列情境因素的影响，并从知识特性因素、宏观的文化和制度因素以及微观的企业因素等方面进行了分析[181]。许强等从知识的视角，把母子公司关系看成是相互间知识转移的关系，认为有两个关键因素影响母子公司管理度，即基于子公司知识的情境嵌入度和母子公司的情境相似度，母公司是根据子公司在母子公司网络关系内的地位来决定对子公司的管理程度[182]。余光胜等强调知识具有默会性和情境依赖性，默会知识的交流、共享与情境密切相关，指出具有情境依赖性的默会知识、非结构化的问题难以通过信息化的手段进行处理，需要进行更进一步的研究[183]。琚春华和肖亮选择了销售量、市场占有率、市场铺货率三类结构化情境和行业前景、区域经济两类非结构情境因素，通过专家评分法和情境匹配规则库、计算分析与知识推理相结合，构建了基于"情境知识"的某烟草销售公司卷烟产品生命周期评价模型[184]。马骏等在 Cummings 和 Teng 提出的情境模型[161]的基础上进行了知识转移情境与知识转移成本的关系分析，认为知识隐含性、知识转移双方的物理距离或职位距离与知识转移成本呈正相关关系，而转移双方的知识距离、接收方对转移方的信任则与知识转移成本呈负相关关系[185]。梁祺和雷星晖通过实证研究指出情境本身就对知识治理存在直接影响[186]。

2. 知识情境与信息技术应用的讨论

肖亮分析了供应链物流计划过程中的知识情境，将其嵌入到物流计划过程 Agent 模型中，描述了集成情境的供应链物流计划知识管理模型[187]。潘旭伟等把情境作为知识管理的一个不可或缺要素，认为知识情境指知识创造、获取、应用、共享、传递等知识过程发生的背景、环境、场景等，是对知识(过程)因素的描述，刻画了知识过程发生时的复杂状况，也是知识得以共享和再用的重要基础，并描述了由知识情境、知识过程、知识(项)和知识主体4个主要知识管理要素构成的集成情境的知识管理模型及其系统结构[188],进而介绍了系统实现与应用案例[189]。祝锡永等探讨了实现基于情境的知识共享与重用方法的两个关键技术:情境建模和情境相似性评估,给出了基于情境的知识共享与重用系统的体系框架与原型系统[190]。秦雅楠等根据汉语框架语义知识库,讨论了采用Petri网的框架语义技术来描述情境知识的方法[191]。李敏讨论了在复杂信息资源的环境下,从知识情境角度帮助企业获得高质量相关竞争信息的过滤方法[192]。

2.4.3 对知识情境的研究总结

上文通过回顾国内外学者在企业管理/管理科学领域对知识情境的讨论,从行为研究和信息技术两个视角归纳分析了国内外学者对知识情境的特性及应用的研究现状。可以看出,已有对知识情境的研究正在逐渐增多,对知识情境的理解也呈现为广义的范畴,即可以认为知识情境是影响与解释知识活动(包括知识的创造、获取、存储、使用、共享、转移、转化等)的物品、个人、团队、组织以及环境(自然、社会)的属性和行为特征。

从上文的讨论可以看出,现有对知识情境的研究存在以下问题。

(1)已有的大多数研究,尤其是国内研究,主要集中在对知识情境构成因素的定性探讨上,对知识情境相关因素的具体细节构成与量化的方式方法研究不多。

(2)从信息技术角度,对知识情境的各类因素应该如何在信息系统中进行表示与实现的研究还比较少。未来对知识情境的研究应用不妨从这两方面入手。

综上所述,尽管很多学者都认为知识情境对知识管理乃至企业管理都非常重要,但是目前在企业管理、信息系统乃至知识管理领域对知识情境这一因素仍然缺乏比较系统的研究。因此,对于知识情境的含义、特征、表示与测量方式等都还没有形成比较统一的描述,还需要进一步的研讨。

2.5 本章小结

本书所研究的内容是一个比较新的交叉研究领域,是几个研究领域交叉的结果,即涉及项目管理研究领域中的项目知识管理、信息系统研究领域中的推荐系统、知识管理研究中的知识推荐以及组织与知识情境等几个方面。从上述对国内外研究的分析可以看出,国内外关于上述几个方面的研究都已出现,但是针对本书内容的直接研究很少。

(1)从项目知识管理研究的角度看,尽管对知识管理的研究很早就开始兴起,但是将知识管理引入项目管理研究和项目企业应用中的探讨最近几年才开始增多,其研究的范围和研究的深度还远远不够。从信息系统技术角度对项目知识管理的研究，大多是各类基于知识的系统在项目管理中的应用讨论，对于用于项目知识获取、转移和共享的信息系统的专项研究还很少。尤其是国内现有对项目知识管理工具与系统的研究，大多停留在对系统模型架构的宏观讨论上，缺乏对项目知识管理系统实现方法的研究。因此，本书对项目知识表示与推荐方法的研究有助于为项目知识管理的研究与应用提供配套的方法与工具支撑。

(2) 从推荐系统研究的角度看，已有推荐系统研究的推荐对象基本上都是顾客，所推荐的标的物大多为商品，把知识管理与推荐系统结合的研究不多，在项目管理领域应用推荐系统的研究很少。因此，本书研究的基于知识情境的项目知识推荐方法是一种比较新颖的推荐系统方法。本书对项目知识推荐方法的研究有助于拓展推荐系统的推荐标的，把推荐标的从传统的产品转变为知识，尤其是项目知识；有助于拓展推荐系统的应用对象，从传统的面向客户/消费者的外部推荐，转变为企业组织的管理业务中面向组织成员的内部推荐；有助于实现对推荐系统在项目管理领域的新应用。

(3) 从知识推荐研究的角度看，已有对知识推荐的研究还不多，大多数的研究，主要集中在对知识推荐的模型探讨上，对其具体实现的方式方法研究不多；从技术角度，对所推荐知识应该如何进行表示的研究较少；在进行知识推荐的时候，考虑情境信息的研究很少。因此，本书对基于知识情境的项目知识表示与推荐方法的研究有助于解决上述问题。

(4) 从知识情境研究的角度看，尽管很多学者都认为情境对知识管理乃至企业管理都非常重要，但是在组织管理、信息系统乃至项目管理领域对情境这一因素仍然缺乏比较系统的研究[8, 193, 194]。国内外对知识情境的研究正在逐渐增多，不过已有大多数的研究，主要集中在对知识情境的影响因素的定性探讨上，对其具体描述与量化实现的方式方法研究不多；从信息技术角度，对知识情境的各类因素应该如何在信息系统中进行表示与实现的研究还比较少。本书对项目知识情境的研究有助于解决上述问题。

此外，与本书研究内容直接相关的国外研究主要包括 Kwan 和 Balasubramanian[168]，Raghu 和 Vinze[165]集成业务流程情境设计的知识管理系统；Wang 和 Chang 针对虚拟研究团体中显性知识(期刊文章)和隐性知识(讨论信息)传递设计的个性化知识推荐系统[132]。直接相关的国内研究主要包括仇元福等在讨论项目知识集成方法时提出的"项目知识推送"的理念——项目知识推送是指根据项目用户所从事的工作岗位、项目用户的兴趣等，自动向项目用户推送相关的项目基础知识、技能和数据，也能根据项目的最新进展情况，自动地将最新知识推送给特定岗位的用户[26]；潘旭伟等、祝锡永等对基于情境的知识共享与重用方法、集成情境的知识管理模型及其系统结构进行的探讨[188-190]。但是，上述研究或者只是停留在理念描述的层次，并没有讨论进行"项目知识推荐"的实现途径和具体的实现方法，或者并没有把关注点放在知识推荐和项目管理领域，其对相关知识与情境的表示也没有围绕项目来展开，并不适合在项目管理中应用。本书所研究的"基于知识情境的项目知识表示与推荐方法"将为上述问题的解决提供相应的帮助。

第3章 项目知识情境构成因素分析

3.1 项目知识体系与分类

3.1.1 知识的类型

随着 Nonaka、Thomas、Davenport 等学者先后开启了研究讨论企业如何进行知识管理的热潮[195-197]，近年来，研究人员和企业人士对知识管理的讨论与关注越来越多。

从数学语言来讲，知识就是人们通过实践并经过大脑的思维活动获得的数据、资料、事件及规则的集合[198]。Davenport 和 Prusak 给出了知识的一般概念，即知识是一个由框架性的经验、评价、情境信息和专家的洞察力混合而成的动态的认知，它产生并应用于认知者的头脑中，提供了一个评估与合并新经验和信息的框架[196]。

同时，对知识的种类也有很多种划分。根据其表现特性，Polanyi、Nonaka 等学者把知识划分为显性知识(explicit knowledge，或称明晰知识)和隐性知识(tacit knowledge，或称默会知识)[195, 199, 200]。王众托则把显性知识称为言传性知识(如技术理论、文件资料、图纸和专利等，是可以用语言传递的)，把隐性知识称为意会性知识，即意会性知识是靠个人体验、领悟而获得，人们无法对它进行言传表述[201]。在知识工程中，通常把知识分为两大类：一是关于事实的知识(factual knowledge)，如在教科书、文献中系统的严格的、公认的知识等；二是在实践活动中累积的、带有经验的启发式知识(heuristic knowledge)，如专业知识规则、胜于实践的规则、判断、推理等。知识工程的主要对象是第二类知识[198]。左美云认为一个企业的知识构成大致可以分为以下四种存在形式：①物化在机器设备上的知识；②体现在书本、资料、说明书、报告中的编码后的知识；③存在于职员头脑里的意会知识；④固化在组织制度、管理形式、企业文化中的知识[202]。

还有一种常用的分类是由经济合作与发展组织(Organisation for Economic Co-operation and Development，OECD)1996 年在其"知识经济"(*The Knowledge-based Economy*)报告中提出的四种划分[203]，即 Know-What、Know-Why、Know-How 和 Know-Who。

(1) Know-What 代表的是关于"事实"的知识[203]。例如，长城有多长、金字塔是什么时候修建的、哪些大学里有项目管理专业等这类描述事实的知识。这方面的知识其实更接近或通常被称为信息。在一些复杂的项目中，项目人员必须具备很多这类知识，才能胜任他们的工作，如施工项目中的技术员、质检员等。

（2）Know-Why 是指关于社会和自然活动的原理与规律的科学知识[203]。在大多数行业中，这类知识是技术开发和产品与工艺改进的基础，通常由一些特别的研究组织来生产和制造这类知识，如研究所和大学[203]。要获得这类知识，项目组织需要招聘曾在这些研究组织学习过的人员，或者委派项目成员去接受相关培训。

（3）Know-How 表示具备做某事的技能或能力[203]。例如，项目计划人员判断一个新增加的工作的时间、成本耗用，或项目经理为了参加项目新闻发布会编写一篇项目进展报告，或一个项目组长选拔与培训自己的项目组成员，都会用到他们自己的 Know-How 知识。Know-How 是一种典型的发展并保留在单个组织边界内的知识，由此，共享和合并不同组织的 Know-How 知识元素成为产业网络形成的一个重要原因[203]。

（4）Know-Who 是关于谁知道什么和谁知道如何做什么的信息，它涉及特殊社会关系的形成，从而可能获得专家的支持，得以有效利用他们所具备的知识[203]。现代经济活动中劳动力的高度分工，使得技术知识广泛分散到组织和专家中，Know-Who 就变得越来越重要[203]。对于现代的项目管理者和项目组织，利用这种知识响应日益加快速度的项目环境与业务变化就显得非常重要。可以说，在组织内部的知识体系中，Know-Who 类的知识位于一个比任何其他种类的知识更高的位置[203]。

通常来讲，Know-What 和 Know-Why 类的知识接近前文所述的"显性知识"，类似于信息，可以量化、编码；而 Know-How 和 Know-Who 更接近"隐性知识"，编码和测量都比较困难。

3.1.2 项目知识体系

在项目管理领域，对项目知识的研究是从对项目管理知识体系 PMBOK 的讨论与制定开始的[204, 205]。PMBOK 是说明项目管理职业范围内的知识总和的概括性术语[206]，它是为了适应项目管理职业化而发展起来的，是现代项目管理发展的一个重要特征[207]。

目前世界上一些国际组织和国家都已经开发或正在开发相应的项目管理知识体系，其中最广为人知的是几个项目管理协会开发的项目管理知识体系，即美国项目管理协会（Project Management Institute，PMI）开发的项目管理知识体系指南（PMBOK Guide），国际项目管理协会（International Project Management Association，IPMA）开发的 IPMA 能力基准（IPMA Competence Baseline，ICB），以及英国项目管理协会（UK based Association for Project Management，APM）开发的 APM'S PMBOK 等[204, 205, 208]。但是，项目管理知识体系主要是针对日常项目管理业务中所涉及的管理知识进行了抽象概括，建立了对应的知识框架，主要用于针对项目管理者的管理知识教育与培训，强调的是能力培养，并不能等同于一个实际的项目中所用到的知识[11, 209]。例如，PMI 开发的《项目管理知识体系指南》将项目管理划分为十大知识领域，即项目范围管理、项目时间管理、项目成本管理、项目人力资源管理、项目风险管理、项目质量管理、项目采购管理、项目沟通管理、项目综合管理和项目干系人管理，为项目管理提供了一个指导框架，但并不能直接用于描述表示一个实际的项目中所用到的项目知识。

由此，一些学者指出项目知识的范畴应该包括：①一般管理知识；②项目管理所特有的知识；③项目相关应用领域的知识[26, 27, 201]。目前的各个项目管理知识体系实际上只包括上述第二部分知识，即项目管理所特有的知识。为此，也有学者讨论了对项目管理知识体系进行改进的设想[210-212]。

3.1.3 项目知识分类

简单地讲，项目知识就是项目成员在项目过程中需要用到的各种知识的总和。但是，对于"项目知识"这个词汇，现有研究对其进行直接定义并不多。主要有以下几种。

Conroy 和 Soltan 定义了在项目执行中所需要的三类知识基础：①组织知识基础(organization knowledge base)，即项目实施所在企业和环境的特定知识；②项目管理知识基础(project-management knowledge base)，即项目管理理论与应用的知识；③项目特定的知识基础(project-specific knowledge base)，即在一个特定项目的实施过程中所获取的知识[213]。Conroy 和 Soltan 把项目实施过程所产生的知识归纳为上述第三类知识基础，但是他们也指出其他两类知识基础在项目实施的过程中也会得到发展[213]。

Ajmal 和 Koskinen[48]在 Conroy 和 Soltan[213]的基础上，把项目中产生的知识分为三类：①技术知识，即在项目中所使用的特定的技术、工艺、操作流程及其成本耗费等知识；②项目管理知识，即管理项目实施所需要的方式、方法与规程；③项目相关知识，即与对项目和企业未来业务有影响的客户及其他利益相关者有关的知识。

Damm 和 Schindler 把项目知识划分为三类，即：①关于项目的知识(knowledge about projects)，如项目管理方法、项目组织等；②项目中的知识(knowledge in projects)，如项目邮件、项目会议与讨论记录等；③来自项目的知识(knowledge from projects)，如项目经验、教训等[103]。

仇元福等提出项目成员之间传递的知识可以分为：①结构化的外部知识(如通用的方法、基本理论知识)；②结构化的内部知识(如调查报告、面向产品的市场销售材料和方法以及各类文档)；③非正式的内部知识(如各种技术诀窍、经验教训以及各类讨论及在线会议等所组成的数据库信息)[26]。

王众托指出，在讨论如何组织利用管理知识来推动项目的管理工作时，必须同时考虑不同种类的知识，如果忽视意会性知识，只注意言传性知识，往往难以推动项目工作，然而，如果只注意意会性知识，而忽视言传性知识，就会使项目管理无法建立在科学的基础之上(尤其是在一些全凭经验工作的中小型项目的管理过程中)，即使一时取得成功，也难以保持长久[201]。其中，对于项目的意会性知识，由于它难以用语言文字表述，有效的办法是找到谁具有所需要的知识，这样一来，对项目知识的搜索变成了对掌握项目知识的人的查询[201]。

此外，项目知识也可以通过项目成员能力的形式来表现。Koskinen 等认为，当项目团队中的一个成员执行一项工作任务时，他/她通常需要具备相应的知识/能力，这种知识/能力可以分为三个部分，即显性知识、隐性知识和个人特征/特点[44]。

同时，一个项目组织所拥有的项目知识可以看成如图 3-1 所示的一个项目知识层次结构[214]，从根节点往下划分为若干个不同的项目知识领域，每一个项目知识领域可以分为若干个子项目知识领域，再对每个子项目知识领域持续向底层细分，可以得到更小的项目知识子领域，一直划分到不可再分或者不需要再划分的项目知识单元(或知识点)为止。

图 3-1 项目知识层次结构[214]

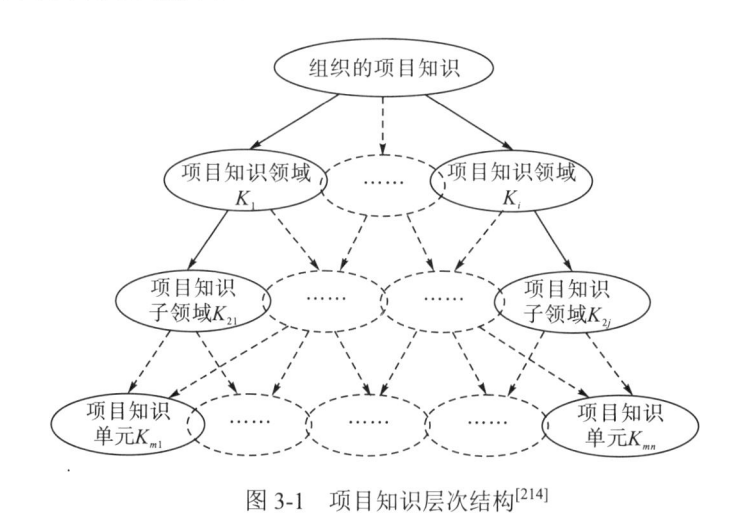

图中的虚线部分表示多个项目知识领域、知识单元、知识关系以及层次

形象地看，如果把项目组织的知识汇总到一起，形成一个数据仓库(data warehouse)，那么图 3-1 中的各个层级的知识领域、知识单元等，其实就代表了不同粒度的知识，越靠近顶层知识的粒度越大，越靠近底层知识的粒度越小。

3.2 项目知识情境概述

3.2.1 项目知识与组织情境的关系

从目前学者们对项目知识的研究来看，虽然学者们对项目知识的认识与定义有差异，给出了各种不同的阐释，对项目知识的种类也有不同标准的划分，但是从众多的研究中可以发现其中的一个共同点——知识是一定情境下的产物，知识是具备情境属性的信息，知识的价值依赖于其所处的情境[144, 215]，在特定的情境之中发挥作用[163]，尤其是组织情境对组织内/外部知识的产生与传递活动会产生很大的影响[158]。

正如在从微观角度对过去几十年组织研究进行的评述中，Porter 所指出的，"如果组织更明确、深入地考虑情境对相关个人和团队行为现象的影响，我们可以获得更好的手段去理解一些错综复杂的事物"[193]。很多学者认为对知识的理解与应用必须和组织情境相关联[163, 169]，应该把对组织情境的理解作为进行知识获取的重要前提条件[216]，在进行知识管理时，特别需要注意对组织情境因素的管控[143, 152]。

对项目而言，其所依赖的知识与企业知识具有很强的共性，而其异质性是项目知识对情境的依赖性更高：项目与项目之间的独立性会因为其所涉及的情境的变化而加强，因此项目中知识的情境因素的作用显得更为突出；此外，项目本身具有很多的不确定性因素，其一次性或不可逆转性等特征也导致了项目知识通常具有很强的情境依赖性[6]。同时，项目之间的异质性，导致项目知识在项目与项目之间不完全具有共享的平台与基础，有必要采取相应的策略来消除项目间知识转移的情境障碍[6]。因此，与项目知识相关的组织情境信息是理解该知识内容的关键所在[12]，也可以说组织情境信息是项目知识的一个重要构成部分，提供项目知识时应该包含着对应的组织情境信息，把项目知识和组织情境结合起来将便于对知识的理解与重用。

3.2.2 组织情境与知识情境的范畴

事实上，组织情境是很难定义的。在管理研究领域，尤其是在项目管理、知识管理以及信息系统的研究中，组织情境还没有一个统一的概念描述。大多数的研究人员只是使用这个概念，但并没有去定义它。在组织管理的研究文献中，也只有很少的直接研究，从几个不同的研究视角，定义和具体描述了组织情境。例如，Pugh 等把组织情境定义为组织功能运作的环境[217]；Davis 和 Schul 认为"组织情境代表了公司和业务部门之间、各业务部门相互之间的组织、管理，以及职能运转的各种关系"[218];Ghoshal 和 Bartlett 提到"组织情境是通过切实的、具体的管理活动来创建和更新的,反过来,它又影响了所有在公司中的各种活动"[219];Doolen 等定义团队的组织情境为存在于其上级组织中的包含管理过程、组织文化和组织系统的一个框架[220]。

由此,可以认为组织情境是组织及其成员开展工作的内部与外部环境,与组织运作相关的各种事物行为特征都可以包含在组织情境中。

另外,对于知识情境(knowledge context 或 context of knowledge),至今也还没有一个比较公认的概念解释。为此,本书在 2.4 节中对国内外关于知识情境的研究文献进行了整理与分析,鉴别出知识情境在组织的知识管理活动中的不同侧面,为对知识管理进行深入的研究与应用提供了参考[142]。从对知识情境的研究来看,知识情境的含义可以分为两个范畴。

(1)狭义的知识情境,仅仅指在知识创建时其所包含的相关语境、环境信息。

(2)广义的知识情境,则正如 Cohen 在"知识与企业"的学术论坛报告中所指出的——对知识而言,"情境"已经超出了其原有关于上下文语境的含义,而扩展为包括知识活动中涉及的人的姿态、物质背景、历史信息、公司战略等多个方面,甚至有趋势扩展为任何影响或解释知识理解与应用的观念、事物或行为[215]。

目前大多数的研究都趋向于从广义的角度阐释知识情境[142,160,163]。单一的理论难以清晰地描述知识情境,其含义应该由众多有关知识的观念相互交织、相互充实而成[215]。可以看出,无论狭义的知识情境还是广义的知识情境都是包含在组织情境之中的。

3.2.3 项目知识情境的含义

不同于传统的组织知识活动,项目组织中知识活动的情境与之相比差异较大,主要的原因可能有以下几个[221]。

(1)项目组织的时效性。项目是有期限的,一旦项目结束,成员就被分到其他工作中或者离开了企业单位,其自身所拥有的各类项目知识往往来不及进行细致、充分的整理总结,就随着该项目人员的流动而流失。

(2)项目人员结构的复杂性。在项目中,组织的成员可能来自不同的业务部门甚至来自不同的企业单位,临时性的项目组织对于其所属的成员来说缺乏归属感,从知识保护的角度来看,这些成员往往不愿意主动地分享自己的知识。

(3)项目组织的内部成员更关注于短期目标的实现。尤其是项目高层的领导,更关心在项目期限内需要达到的目标要求,通常集中在进度、成本、安全、质量等要素上,项目的绝大部分资本往往都投入在这些要素上,而能够对其所属的 PBOs 产生长远效应的项目知识管理可能没有受到太多的关注。

根据项目知识共享的特点,本书认为应该从广义的知识情境范畴来理解项目知识情境。因此，本书定义：项目知识情境(project knowledge context，PKC)是影响与解释项目知识活动(包括项目知识的创造、获取、存储、使用、共享、转移、转化等)的物品、个人、团体以及环境(自然、社会)的属性和行为特征。

3.3 组织情境包含的内容

从广义上讲，项目知识活动所处的组织的情境囊括了项目知识情境，因此，要理解、分析项目知识情境，需要了解组织情境包含的内容。在学术期刊上关于组织情境的正式讨论开始于 20 世纪 60 年代中后期[217, 222]。继 Pugh 等的研究之后，一些关于组织情境的早期研究出现在一些主要的管理类期刊上，如《管理科学》(Management Science)和《管理信息系统季刊》(Management Information Systems Quarterly, MISQ)。整体来讲，现有关于组织情境的研究工作可以分为两类[223, 224]：第一类研究描述了组织情境的一些特征，但并没有明确地使用"组织情境"这一术语来从一个特定的角度概括这些因素，如文献[225]和[226]；第二类研究是从一个特定的角度，明确地使用"组织情境"这个术语来描述、链接和总结其相关因素，如文献[217]、[222]、[227]、[228]。

这两种类型的研究中都还缺乏对组织情境较为全面的描述，从单篇文章中难以获得组织情境的全貌。值得注意的是，目前很少有研究关注组织情境和信息系统之间的交互，忽略了它们之间可以相互影响的事实。实际上，信息系统本身是组织情境的一部分，同时，组织情境又是一个可以对信息系统的使用和有效性产生影响的重要变量。正如 Benbasat 和 Zmud 所讨论的，定义信息系统领域的概念和现象非常重要，信息系统研究人员应该对此做出与其他管理领域不同的、特定的贡献，组织情境不应该被视为一个"黑箱"来研究[229]。因此，有必要从信息系统的角度鉴别出组织情境的组成因素，并区分哪些因素与信息系统的交互已经被研究了，哪些因素与信息系统的相互作用尚未进行评估，这可以为信息系统与组织情境的交互研究工作提供指南[224]。

本章整理了上面中提到的第二类研究的相关成果，提出了一个更全面的组织情境因素框架，对这些因素进行分类，并阐述了这些因素的含义[223, 224]。需要注意的是这部分研究的主要局限是所进行的概括是基于第二类研究的文献，一些在第一类研究中出现的组织情境的因素可能缺失。所提出的框架可在今后的研究中通过添加新的分类以及因素逐步完善。

3.3.1 组织情境的分类框架

很多研究者已经从不同的视角讨论了组织情境。Pugh 等总结了组织情境的各方面，并从整个组织(general organization)的视角为实证性的研究提出了概念性的方案[217]。Walton 等表明组织情境在很大程度上决定了一个跨部门的关系冲突数量，并且从部门(departmental)和个人(individual)方面分别列举描述了相关情境变量[222]。Ein-Dor 和 Segev 从组织整体和外部环境(external environment)的视角提出了组织情境变量的一系列运作方法[228]。Johns 提出了一个关于情境是怎样影响组织行为学的概述，并且提出了一些改善情境研究的方法，包括使用工作流(workflow)和个人的视角[194]。还有一些研究者将组织情境的影响因素划分为组织的、个人的和技术的三个方面[151, 230]。此外，Ives 等评估了五个现存的管理信息系统研究框架，并且利用三个变量组，即环境、过程和信息子系统为相关研究创建了一个更全面的模型[231]。

在上述前期文献研究的基础上，本书为组织情境构成因素的分类提出了一个概念性的框架。这个框架包括六个视角，分别对相关研究中的组织情境组成进行了分类。它们分别是组织整体(包括基本组织特征、组织结构、组织文化/氛围、组织资源和内部技术)、部门、项目、工作流、个人和外部环境六个方面[223]。图 3-2 是组织情境因素分类框架的图形表示。

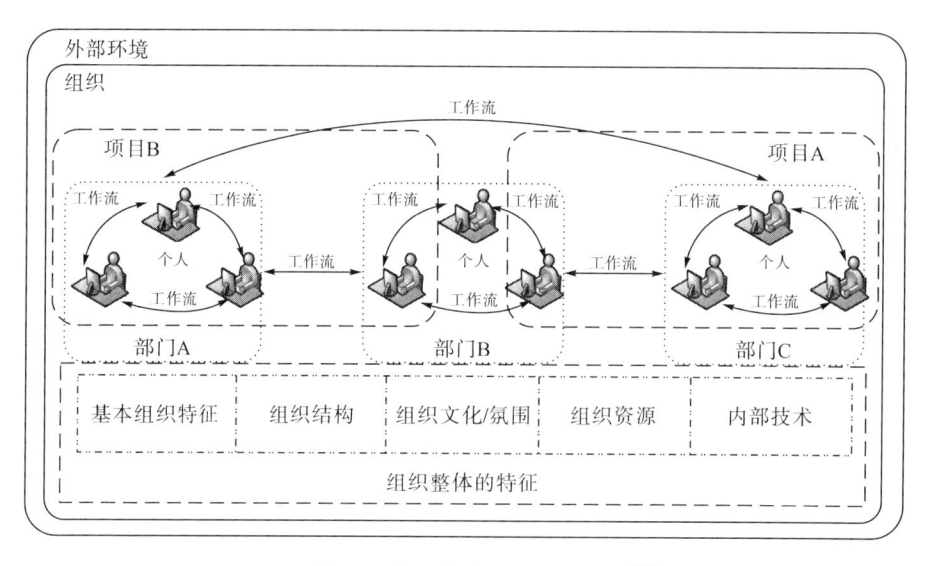

图 3-2　组织情境因素分类框架[223]

3.3.2　信息系统相关的组织情境因素识别

本书讨论的项目知识推荐系统是一种管理信息系统，而组织情境是一个管理信息系统所包含的关键变量之一[232]。没有一个特定的组织情境，一个信息系统模型是不能实施的[229, 231]。很多研究者都认为理清、理解组织情境对信息系统的影响非常重要，并展开了相关研究[229, 231-235]。

由于有关组织情境的文章在许多学科的各种期刊上都有发表，本书选择了典型的在线期刊数据库(ABI/INFORM、ACM Digital Library、EBSCOhost、IEEE Xplore、JSTOR、Science Direct)来进行检索。文献检索只使用标题或关键字中包含"organizational context"/"organisational context"或"organization context"/"organisation context"的英文文献(注：两种英文单词分别对应美式英语和英式英语,不同地域的期刊可能采用不同的拼写方式)。这样的检索仅局限于期刊论文,而会议论文、学位论文、教科书和未发表的工作论文都被排除在外。此外,图书评论或新闻报道类的期刊论文也不包括其中。

检索结果通过标题进行审查,因为一些文章可能并没有从管理或信息系统的视角来讨论组织情境,而是从其他的视角,如教育或心理学。在最初关于管理或信息系统研究方向的组织情境的检索中,总共有一百多篇文章被确定下来。在这些文献的基础上,进行了三个步骤的研究。第一步,审查文献的摘要,除去那些实际上不是从信息系统视角出发来研究组织情境的文献。第二步,根据本书提出的组织情境分类框架和 Barki 等为研究文献提出的一个关键词分类方案[234],从第一步筛选出的文章中确定了信息系统研究中涉及的组织情境构成,如表 3-1 所示①。第三步,审查第一步筛选之后剩余的文献,找到在第二步中没有被整理出来的组织情境构成(即在管理领域研究过,但是还缺乏在信息系统领域中研究的组织情境),结果在表 3-2 中列出,3.3.3 小节对此进行了详细阐述。在第三步中,根据 Barki 等提出的框架和关键词分类方案[234],那些潜在影响组织中信息系统行为的组织情境构成被特别关注。

表 3-1 信息系统研究中涉及的组织情境构成

视角	组成	因素示例
基本组织特征 basic organizational characteristics	起源和历史 origin and history	组织年龄 organizational age 历史变革 historical changes
	组织成熟度 organizational maturity	正规化程度 degree of formalization
组织结构 organizational structure	组织规模 organizational size	员工数量 number of employees 年度销售额 annual sales
	治理结构 governance structure	集权程度 degree of centralization 分权程度 degree of decentralization 正式可持续发展领域 formal sustainability area
组织文化/氛围 organizational culture/climate	价值观 values	信仰/理想/目标 belief/vision/goals
	鼓励倾向 encouraging orientation	鼓励变革/创新/合作/竞争/共享 encouragement for change / innovation / collaboration / competition / sharing
	社会规范 social norms	工作行为的准则 norms of work behavior
	压力与冲突 forces and conflicts	社交压力与相关冲突 social forces and related conflicts

---

① 本书表格采取了中英文混排的形式,避免因翻译不同造成的理解偏差,便于与后文对照查阅。

续表

视角	组成	因素示例
组织资源 organizational resources	预算 budgets	年度预算额 size of annual budget
	投资 investment	信息技术投资额 information technology investment
	资源可利用率 resources availability	资源约束 resource constraint 冗余资源 slack resources
内部技术 internal technology	信息系统成熟度/复杂度 IS maturity / sophistication	系统成熟度 system maturity CIO 的地位 ranking of CIO position 信息部门对信息系统项目选择的影响度 IS department influence in IS project selection
	历史 IT 投资额 past IT investment	所存储的数据 data stored 历史 IT 设施 past IT infrastructure
	系统特性 system characteristics	系统质量 system quality 信息质量 information quality 服务质量 service quality 系统相关性 system relevance 系统可访问性 system accessibility 系统可视性 system visibility
部门 department	职责 responsibilities	部门职责 departmental responsibilities
	集成 integration	跨部门整合 interdepartmental integration
项目 project	项目地位 project ranks	项目经理的地位 rank of project manager 委员会的地位 rank of the steering committee
	项目成员 project members	项目经验 project experience
工作流 workflow	工作时间结构 work time frame	严格限制 highly constrained 策略决策过程与规划周期的时长 length of the strategic decision process and planning horizon
	任务特征 task characters	任务的相互依赖性 task interdependence 任务规则 task routineness
	团队或搭档的特征 features of groups / partners	搭档的信任 partner trust 相互依赖 interdependencies
个人 individual	个人能力 individual capacity	技术能力 technical competence
	管理职位 management position	组织地位 organizational position 组织部门、结构和工作种类中的位置 location in an organizational department, hierarchy, and job category
	交流障碍 communication obstacles	地理距离 geographic location 时区 time zone
	个人观念 individual perception	伦理与社会价值观 ethical and social values 心理状况 psychological climate 以往 IT 项目的失败经历 previous unfortunate experiences with IT project 工作不满意度 job dissatisfaction

续表

视角	组成	因素示例
外部环境 external environment	经济环境 economic environment	竞争压力 competitive pressure
	技术环境 technological environment	行业技术革新速度 rate of technological change in industry

表 3-2　相关管理类文献中研究的构成组织情境的其他因素

视角	组成	因素
基本组织特征 basic organizational characteristics	所有权 ownership	公众权责 public accountability 组织管理的所有权关系 relationship of ownership to the management of the organization
	章程 charter	运作差异性 operating variability 运作多样性 operating diversity
	公司类型 company type	制造业/服务业 manufacturing / service
	产品/服务范围 product or service scope	产品专业化程度 extent of product specialization 产品类型 type of products
	组织健康 organizational health	组织绩效 organizational performance 过去的质量绩效 past quality performance 增长率 growth
组织结构 organizational structure	位置与范围 location and scope	经营场所的数量 number of operating sites 地理范围 geographic scope
	组织领导能力 organizational leadership	CEO 的成就需要 CEO need for achievement CEO 任职 CEO tenure CEO 退任 CEO retirement 执行团队结构 executive team structure 管理者股权 managerial stockholdings
内部技术 internal technology	技术复杂性 technical complexity	总体技术复杂性 overall technical complexity
	运作管理技术 operation management techniques	质量循环 quality circles 产品与过程标准化 product and process standardization 准时生产 just-in-time production
部门 department	部门交流障碍 departmental communication obstacles	物理和时空障碍 physical and space-time barriers 对隶属部门和其他部门缺乏认识 ignorance about subject department or other departments
	部门依赖性 departmental dependence	对其他部门的依赖 dependence on other departments
	部门内摩擦 intradepartmental friction	对上司的不满 dissatisfaction with supervisor 部门内的纠纷 intradepartmental dissension
项目 project	项目状况 project situation	不确定程度因素 degree of uncertainty 变化的幅度 magnitude of the change 变化的速度 pace of the change
	项目支持 project support	高层管理者的支持 top management support 清晰的目标 clarity of goals 及时的奖励 speed-based rewards

续表

视角	组成	因素
工作流 workflow	管理过程 management processes	团队层次的目标与角色 team-level goals and their role
个人 individual	组织地位 organizational position	物理层级/距离 physical distance
	个人交流障碍 individual communication obstacles	人际关系技巧的缺乏 lack of interpersonal skills
	人口统计数据 demographic data	性别与百分比 gender and percentage 年龄组和百分比 age group and percentage
	个人背景 personal background	教育水平 educational level 工作年限以及分别的百分比 years at the company and percentage
外部环境 external environment	整体环境 overall environment	环境的不确定性 environmental uncertainty
	社会环境 social environment	对上级组织的依赖 dependence on parent organization 对其他组织的依赖 dependence on other organizations

表 3-1 列出了基于上述文献检索过程筛选出的信息系统研究中涉及的组织情境构成。下文对该表格的内容进行了详细阐述。

1. 组织整体视角

对组织情境来说使用最普遍的视角就是组织整体的视角，它包括基本组织特征、组织结构、组织文化/氛围、组织资源和内部技术五个方面。

1) 基本组织特征

关于组织的基本特征主要有两个组成部分一直被信息系统研究者广泛讨论。这两个基本特征分别是起源和历史，以及组织成熟度。

(1) 起源和历史。一个组织在发展过程中可能已经对最初状态进行过许多次变革。Pugh 等将组织的最初状态以及所发生的变革描述为组织起源和历史的组织内容元素，同时他们定义了这个概念的三个影响因素，分别是起源客观性、组织年龄和历史变革[217]。Franz 和 Robey 发现作为一个反映管理信息系统部门成熟度的因素的组织年龄，可以降低用户对系统有用性的感知[236]。

(2) 组织成熟度。Raymond 将组织成熟度定义为组织流程通过规则、进程和管理实践得到的系统化和正规化程度[237]。通常，组织成熟度在组织理论学中被称为正规化(formalization)[237]。在一个正规运营公司中，它也意味着能应用各种各样的管理技术，如库存控制、全面质量管理、项目运作、成本核算以及管理信息系统等。Zeffane 和 Cheek 指出正规化是可以用规则和规章来引导组织活动和工作行为的程度，并且他们还指出更高的正规化程度可以提高组织情境因素中的信息渠道[238]。Lai 和 Guynes 另外指出正规化是一个组织在其成员工作表现中强调规则和规程的程度[239]。Wang 和 Tai 发现正规化与信息系统计划能力的改善呈正相关关系[240]。Kim 和 Lee 则提出正规化与员工的知识共享活动呈负相关关系[151]。

2)组织结构

在组织理论方面，组织结构是组织情境的主要因素。Pugh 等提出一个组织的结构与组织情境有着密切的关系，并且情境因素能解释组织结构的许多变化[217]。从组织结构的视角来看，组织规模和治理结构是讨论最普遍的元素。

(1)组织规模。组织规模已经被大量的学者进行过研究，许多研究都提到规模是组织情境中最重要的一个方面。在谈及组织情境的文献中有许多衡量组织规模的方法。通常，组织规模与组织经济的规模(scale)和范围(scope)因素都相关联。Ein-Dor 和 Segev 提出组织的规模影响管理信息系统成功的前景，他们使用多种变量(例如年度销售额)来衡量组织的规模[228]。在 Raymond 做的一项调查中，描述性统计数据表明组织规模(如员工数量)与组织情境特征中的电脑使用情况显著相关[237]。Raymond 也用生产工人的数量来衡量中小型制造公司的规模[237]。Franz 和 Robey 指出组织规模是反映管理信息系统部门成熟度的因素之一[236]。Grudin 认为组织规模能影响信息系统发展组织的进程和产品[241]。Lai 和 Guynes 确定组织规模可以作为一个促进有关信息技术采纳决策的情境因素[239]。Lee 和 Han 指出组织规模与一个 EDI(electronic data interchange，电子数据交换)系统的正式控制使用情况有关[242]。

(2)治理结构。集权是一个组织结构的特征，它用来衡量权利和控制力集中在相对少数的个人或业务团体手中的程度[239]。Ein-Dor 和 Segev 提出组织集权程度是能影响管理信息系统成功的组织结构的一个方面，如产品市场单元的数量、盈利中心的数量，以及分支机构数[228, 243]。Lee 和 Han 提出分权程度能够影响 EDI 系统内部和外部非正规控制的使用[242]。Wang 和 Tai 发现集权与信息系统计划能力的提高呈负相关关系[240]。Lee 和 Pai 指出集权与战略的信息系统计划的一致性(strategic IS planning alignment)呈明显的负相关关系[244]。Kim 和 Lee 提出集权与员工的知识共享活动呈负相关关系[151]。通过使用一个扎根理论的改编版，Petrini 和 Pozzebon 提出了一个概念性的商务智能模型，在该模型中，组织情境，尤其是组织结构，为将可持续发展纳入商务策略和组织实践提供了基础[245]。他们认为将可持续发展整合到组织策略和实践的过程是十分重要的一步，组织应该调整组织结构以在其治理结构中包含一个正式的可持续发展领域[245]。

3)组织文化/氛围

在组织文化和组织氛围的研究之间存在着一种明显的相似性[246]。因此，在本书中，为了防止重复，我们将组织文化和组织氛围相关的组织情境研究因素合并在一起。

(1)价值观。组织理论家们非常重视组织的文化和氛围属性，他们关注了价值观、符号、信仰等[247]。组织文化的组成已经被认为和有效的知识共享相关，如明确的组织理想和目标[151]。

(2)鼓励倾向。Lai 和 Guynes 指出鼓励变革规范，即员工对待变革的积极态度，能促进信息技术的采纳决策[239]。Teng 等发现对组织创新和跨部门整合的鼓励能加强组织流程再造项目的成功前景[248]。Chou 提出组织中鼓励创新和合作的组织文化与采纳组织学习计算机系统、促进组织学习产生的影响有关[249]。Kim 和 Lee 认为基于绩效的奖励系统是组织文化的一个方面，它与高层次的知识共享能力呈正相关关系[151]。通过采用自适应结构理论作为最初的理论框架，Hill 等研究了组织情境对以计算机为媒介的群体中的信任与合作所产生的影响[250]。他们注重组织情境的两个因素，即竞争与合作。合作意味着促进合作的目标，并且对组织的成就产生合作贡献回报的组织实践，同时，竞争指的是促进和奖励竞争行为的组织实践[250]。

(3)社会规范。社会规范被一定群体的成员用来评判某些决定和行为[251]。工作行为的准则是特别重要的，因为它们提供了一种在高科技、高强度和高可靠性（high-technology, high-intensity and high-reliability，High-3）工作环境中识别非正规学习的方法。

(4)压力与冲突。Dillard 认为社交压力与冲突是组织情境的一个重要部分，在这之中，会计信息系统被设计、实现和使用。Dillard[252]通过使用另外一个基于理论的社会视角来展示组织情境，他证明对组织情境更全面的理解可以帮助会计信息系统提供必要的信息来支持更广泛的责任制度[252]。

4)组织资源

组织资源对于一个公司来说是一个十分重要的情境因素，并且资源可利用率不足是导致管理信息系统失败最常见的原因[228]。组织资源主要的影响因素有预算、投资和资源可利用率。

(1)预算。Kling 认为对于以用户为中心的信息系统的设计来说，金钱是一个主要的资源[227]。Ein-Dor 和 Segev 认为一个充足的预算规模将会增大管理信息系统成功的可能性[228]。

(2)投资。Raymond 遵循上述预算额的组织特征研究所采取的方法，使用组织中计算机硬件和软件方面的投资额作为衡量组织资源的方法[237]。Kim 和 Lee 确信在 IT 应用方面的投资额是影响员工知识共享能力的重要因素[151]。

(3)资源可利用率。一个组织多余的资源被认为是冗余的。Lai 和 Guynes 假定信息系统部门的冗余资源对于早期信息技术的采纳来说可能是必要的[239]。Urquhart 认为在信息系统需求分析阶段，资源约束的背景可能影响客户与信息系统分析员的协商立场[235]。

5) 内部技术

技术在组织研究中有很多种含义。这里说的内部技术指的是在组织工作过程中使用物理技术的顺序。它既包括运作模式，也包括在组织中使用的设备，同时它还包括硬件、软件和知识库[217, 253]。

(1) 信息系统成熟度/复杂度。成熟的组织可以定义为其管理信息系统是正规化、量化的，并且产生的数据是适合决策和控制过程的[228]。Teng 等发现与信息系统成熟度相关的多种因素，如大型机运算经验、客户机/服务器端运算经验、首席信息官的地位，以及信息部门对信息系统项目选择的影响度，这些因素能促进业务流程重组的决策进程[248]。Lee 和 Pai 提出信息系统成熟度与信息系统战略设计的成功呈明显的正相关关系[244]。一些研究从信息系统复杂度概念的方面来讨论这个问题。Raymond 提出信息系统复杂度，即组织在实现、运作和使用信息系统方面的管理和技术复杂度，应该是信息系统成功的一个主要组织情境决定因素[237]。Lee 和 Han 对信息系统复杂度级别与 EDI 系统内/外部正式控制使用情况之间的关系进行了研究[242]。

(2) 历史 IT 投资额。Hinton 和 Kaye 试图去探索 IT 投资额作为组织情境是怎样影响组织的未来投资方向的，这里 IT 投资额被解释为一个组织的历史 IT 投资决策(继承性)和对当前的系统和结构的依赖(依赖性)[254]。Sahay 和 Robey 提出历史 IT 设施作为组织情境的一个方面，能够对从地理信息系统(geographic information systems，GIS)部署到产生技术结果的进程产生影响[255]。

(3) 系统特性。Thong 等发现感知有用性和感知易用性作为数字图书馆用户接受的决定因素，都受到组织情境的系统特性影响，即系统相关性、系统可访问性和系统可视性[256]。Wang 等开发了一个通用测量工具，它能可靠和准确地衡量在不同的组织情境中企业电子化学习系统的成功，包括系统质量、信息质量和服务质量等因素[257]。

2. 部门视角

从部门的角度看，一个组织由许多部门构成。在一个组织中，有许多部门内和跨部门的组织情境特征，它们能解释不同个体之间和不同部门之间的差异性[222]。

1) 职责

当部门职责含糊不清的时候，组织中的部门就会面临严重的交流障碍[222]。Sahay 和 Robey 在 GIS 实现的研究中，十分注重部门职责，因为它能影响一个组织对新的信息技术的引进[255]。

2) 集成——跨部门整合

跨部门整合是指不同职能部门之间通过诸如自由交换想法和参与共同项目的活动来达到交互的程度[248]。Teng 等发现更高水平的跨部门整合能给企业流程再造项目提供一个更容易接受的环境，并能促进该项目的实施[248]。

3. 项目视角

从项目的角度看，一个项目可能通过一个部门或跨部门，甚至是跨组织来实现。无论信息系统项目是在哪里实施，从项目中提取出的组织情境的特征总会影响它的成功[46]。

1) 项目地位

项目的地位反映了它对于组织的重要性。Ein-Dor 和 Segev 研究了很多管理信息系统项目，发现项目负责人汇报管理信息系统项目的对象的地位越低，管理信息系统项目成功的可能性越小[228]。他们还表明，如果项目负责人的地位低于管理信息系统项目服务的特定组织的首席官两个级别以上，那项目负责人对成功的管理信息系统项目的努力将会忽略不计。他们还提出，如果一个组织意识到一个管理信息系统项目的重要性，它将成立一个项目委员会(steering committee)来指导管理信息系统项目的工作。此外，一个明确和高组织地位的项目委员会将会有益于管理信息系统项目的成功[228]。基于对管理信息系统项目成功的实证调查，Raymond[258]证实了 Ein-Dor 和 Segev[228]关于管理信息系统负责人的高地位对管理信息系统功能产生积极影响的假设。

2) 项目成员

项目成员的特征能影响组织项目的运作和结果。Raymond 证明项目成员的信息系统项目经验是一个管理信息系统项目成功的重要决定因素，也与影响管理信息系统项目成功的大多数组织特征相关[258]。

4. 工作流视角

从工作流的角度看，当一个部门的活动迅速影响其他部门时，这时很难控制工作流过程[242]。组织情境在工作流中是很重要的，因为它提供了关于在工作动态变化的环境中整合工作和学习的各种方式的信息[251]。一些组织情境的构成展示了在部门、团队或个体之间工作流的特征。

1) 工作时间结构

在计算机时代最缺稀的资源就是时间[227]。对于以用户为中心的信息系统的设计来说时间是一个主要的资源[227]。Ein-Dor 和 Segev 认为相比于相对宽松的时间结构，当组织的时间结构有严格的限制时，在完成一个成功的管理信息系统项目时将会遇到更多的困难[228]。他们拓展对组织情境的研究，并且将管理信息系统工作中的时间结构确定为策略决定所需时间和计划范围[243]。Raymond[237]通过使用Ein-Dor 和 Segev[228]的方法来调查中小型企业，他采用组织的计划范围来衡量时间结构。

2) 任务特征

Lee 和 Han 提出对有效监控相互依赖的任务过程有更高的要求将会导致更多非正式的控制，同时他们通过 EDI 系统的运作来研究不同层次任务相互依赖性的影响[242]。此外，任务规则意味着这项任务适合标准运作流程、正规规则和明确的性能标准[242]。Lee 和 Han 提出随着 EDI 任务规则的不断增加，正规化的 EDI 控制将会变得合适并会导致工作进程的自动化[242]。

3) 团队或搭档的特征

Bleistein 等将组织的合作伙伴(包括消费者、供应商和物流合作伙伴)纳入他们的商业情境模型中[259]。Lee 和 Han 将"搭档的信任"作为一个重要的组织情境因素，因为它能明显影响在 EDI 系统运作中内部或外部非正规化控制的使用率[242]。通过展示组织情境对工作环境性能的调节，Owen 强调需要研究复杂工作系统之间的相互依赖性，而不是简单地将重点放在一个特定工作活动的工作系统上[251]。

5. 个人视角

从个人的角度看，许多关于组织的研究只是引用而非从个体的观点定义组织情境[260]。Johns 表明组织情境作为主要的影响因素，通过其与个人变量的相互作用来对组织行为产生影响[194]。Dutton 等认为个人可以把组织情境的特征视作潜在的价值指示，通过评估这些指标做出相应的判断，同时他们指出个人的自由行为通常建立在对情境感知的基础之上[261]。此外，个人本身也是组织情境的基本组成。

1) 个人能力

Kling 选择技术能力，也就是一个员工开展一个技术方面工作的能力，作为彼此区分软件设计师的因素[227]。

2) 管理职位

Sproull 和 Kiesler 将组织位置作为一个人在组织部门、结构和工作种类中的位置[262]。他们表示组织位置引起组织距离(organizational distance)，并且预测交流沟通和内容独立于其他任何变量。Ein-Dor 和 Segev 研究了管理信息系统的结构变量，尤其是组织结构的位置，它由管理信息系统项目负责人的地位反映[243]。他们总结组织越大，管理信息系统项目负责人的地位就越低。Franz 和 Robey 发现在系统设计阶段，用户在组织的级别减弱了其对系统有用性的感知[236]。

3）交流障碍

Sproull 和 Kiesler 研究了地理距离，在时间和空间上定义为一个人的物理位置，是组织交流产生规范影响的主要因素之一[262]。他们使用地理距离和时区来描述这个因素。

4）个人观念

一些文献提到各种类型的个人感知作为组织情境的一个关键因素，如工作不满意度，即为一个特定的个人，就他或她的各种需求提供一个特定的工作能达到的匹配程度[227]。Kling 提出软件设计师所设计的软件功能应该符合他们自己的伦理和社会价值观的想法[227]。Ein-Dor 和 Segev 认为心理状况可以影响一个管理信息系统项目的成功或失败，并且建议建立一个对这样的信息系统友好的组织环境[228]。此外，他们通过调查一些情境变量(对信息系统的态度和对信息系统的期望)，发现了心理状况对管理信息系统项目影响的实证证据[243]。Urquhart 演示在确定一个新的信息系统做早期需求收集的过程中，以往 IT 项目的失败经历影响了客户应对系统分析员的方式[235]。

6. 外部环境视角

除了内部的情境特征，一个组织也受到它的外部环境的情境影响。外部环境是组织情境很强大的一个方面,因为它与管理信息系统项目的组织行为相互作用,尤其是外部资源，因为它们还不能立刻从组织本身获得[228]。

1）经济环境

Grudin 指出市场和竞争是信息系统使用和发展方面的一个组织情境因素，可以影响信息系统的发展过程和功能[241]。Wang 发现一个组织面临的竞争压力与一个组织的信息强度呈正相关关系，反过来也能积极影响组织结构[263]。

2）技术环境

Ein-Dor 和 Segev 指出技术革新作为组织情境的一个因素，能够影响管理信息系统结构，他们使用行业技术革新的速度来衡量这一因素[228]。

3.3.3 组织情境的其他相关因素识别

自从 Pugh 等第一次总结了组织情境的各方面影响因素[217]，并为工作组织的实证性研究提出了一个概念性的框架起，许多研究者就已经从各个研究领域讨论了组织情境。然而，许多组织情境的影响因素只在信息系统之外的管理领域被讨论。本书认为这些组织情境的影响因素可能会对组织中信息系统行为的理解有所帮助，它们应当被视为信息系统研究的组织情境构成。

通过回顾最初检索组织情境文献而挑选出来的其他文献，本书针对一般的管理研究而非信息系统的研究，在前述框架提出的六个视角的基础上，从管理类研究的文献中筛选出了更多的组织情境构成因素。在 Barki 等提出在信息系统中使用关键词分类计划的基础上[234]，本书对比了两组组织情境的构成，然后整理了在前述信息系统领域研究中比较缺乏的另一组组织情境因素构成。表 3-2 显示了相关研究结果。这些组织情境构成因素潜在地影响了组织应用信息系统的行为，而且对信息系统的成功应用有影响，同时也能为详细地描述信息系统所在组织的特性提供帮助[194, 229, 237]。

1. 组织整体视角

1）基本组织特征

(1) 所有权。在相同的情况下，不同的所有权可能会导致各种组织的行为产生差异。Pugh 等调查了与这个观念相关的两个因素：公众权责和组织管理的所有权关系[217]。

(2) 章程。一个组织的章程是一份文件，概述了其社会功能、目标、意识形态、原则和价值观，因为它们影响组织的结构和功能[217]。Pugh 等挑选了两个因素：运作差异性和运作多样性来描述章程因素[217]。

(3) 公司类型。Benson 等验证了公司类型（制造业和服务业）能显著影响实际质量管理[264]。

(4) 产品/服务范围。一个组织产品和服务的特征可以是组织基本情境因素的一个方面。Gopalakrishnan 和 Damanpour 指出产品范围是指产品的专业化程度和产品类型，它作为企业之间，尤其是商业银行在区分组织情境的一个关键变量[265]。

(5) 组织健康。组织健康问题似乎给管理和政策带来了变革[266]。Friedman 和 Singh 提出组织绩效表示一个公司如何利用资源，提供环境约束和机会。他们使用经济绩效，即一年中的股本回收率来拓展组织绩效[266]。Friedman 和 Singh[266]将组织绩效视为一个情境变量，一般作为首席执行官（chief of executive officer，CEO）继任的股市反应的一个重要预测。过去的质量绩效也可以作为质量管理方面的一个组织情境因素，Benson 等对其产生的影响更感兴趣[264]。显然，如果没有增长的能力，组织就不可能生存下来[267]，Falbe 等使用一个增长率来进行衡量，即企业在三年期内的增长速率[267]。

2）组织结构

(1) 位置与范围。Pugh 等提出地理环境，即地理位置是怎样影响组织的，同时他们通过经营场所的数量来区分各组织[217]。通过对从 101 家商业银行挑选出来的实际数据进行抽样检查，Gopalakrishnan 和 Damanpour 发现地理范围可以表明一个企业市场覆盖率的广度和一个组织的能力[265]。

(2)组织领导能力。Miller 等验证了 CEO 的个性，特别是 CEO 的成就需要，能通过影响策略决策的过程间接影响组织结构[268]。Keck 和 Tushman 研究了执行团队情境和执行团队结构的构造关系，而执行团队的结构可以通过团队的人口统计进行衡量，例如权属变化(variation in tenure)、CEO 的任职和退任[269]。此外，还应该与管理者股权相一致，因为它能激励管理者做出与股东财富最大化相一致的决定。Steensma 和 Corley 提出管理者股份的数量应该是一个影响管理抉择的组织情境因素[270]。

3)内部技术

(1)技术复杂性。Connor 表示总体技术复杂性应该与员工参与的决策模式有系统的区别[271]。

(2)运作管理技术。运作管理技术包括时间和动态研究、质量反馈、产品与过程标准化、准时生产等，这些都能帮助改善一个组织的效率、服务和质量[272]。Álvarez-Gil 等提出如果旅馆把运作管理技术作为一个战略能力，就能部署广泛的环境管理业务[272]。

2. 部门视角

1)部门交流障碍

Walton 等提出部门之间的交流障碍源于对彼此工作知识的了解缺乏和彼此之间的物理距离大[222]。他们指出描述部门交流障碍的一些因素，包括与隶属部门之间交流方式的物理和时空障碍以及对隶属部门和其他部门的缺乏认识。

2)部门依赖性

很难控制相互依赖的部门之间以一个规定的方式交互运作[242]。因此，正如 Walton 等提出的，对其他部门的依赖是一个令人沮丧的任务条件[222]。

3)部门内摩擦

Walton 等通过研究以下两个因素：对上司的不满和部门内的纠纷来观察部门内摩擦的影响[222]。

3. 项目视角

1)项目状况

在不确定程度因素的基础上，John 研究了组织策略变革对一个特定的项目所

第 3 章　项目知识情境构成因素分析

带来的影响，可以通过考虑以下两个方面而确定：变化的幅度和变化的速度[273]。

2) 项目支持

考虑到不确定因素的干扰效果，Carbonell 和 Rodríguez-Escudero 研究了三个组织情境因素之间的关系，包括高层管理者的支持、清晰的目标和及时的奖励，以及 183 个新产品开发项目中的创新速度[274]。在他们的研究中，高层管理者的支持表示高层管理者对项目支持的数量；及时的奖励指的是为了缩短项目周期时间而提供的奖励制度，他们的调查表明这些组织情境因素对于创造改善创新速度的条件十分重要[274]。

4. 工作流视角

管理过程是指组织中管理者为制定和实现组织的目标而采取行动的过程[220]。任务性质和目标的多样性影响管理过程。在对团队成功的研究中，Doolen 等报道说，更清楚地了解团队层次目标和团队在组织中角色的团队的成员，比那些自我评估为不了解团队层次目标的团队的成员更满意、更有效率[220]。

5. 个人视角

1) 组织地位

Clinebell 和 Shadwick 提出物理距离对于了解员工工作相关的行为来说是十分重要的，他们通过研究主要办公室的员工和分支机构的员工对工作相关的不同态度，从而来调查物理距离的影响[275]。

2) 个人交流障碍

Walton 等提出个人之间的交流障碍，如部门内的交流障碍，是对彼此工作知识缺乏了解的结果，也是因为彼此之间存在物理距离的结果[222]。他们提出了验证这个观点的多个评估因素——例如，与他人交流的物理和空间-时间障碍和人际关系技巧的缺乏。

3) 人口统计数据

Chen 等认为管理者的年龄是一个组织情境因素，很可能影响管理生涯进展的质量[276]。Malaviya 和 Wadhwa 针对创新管理进行了一个调查，分析员工的性别和百分比，并将其作为组织情境维度的一个方面[277]，他们也选择员工的年龄组和百分比作为组织情境的一个维度[277]。

4) 个人背景

Chen 等提出教育水平对关于中外合资企业中的职业生涯进展这种情境因素的质量有负面影响[276]。Malaviya 和 Wadhwa 表明当衡量员工对组织文化观念的情况时，员工的工作年限以及分别的百分比应被当成一个组织情境因素，它被认为可以从创新绩效的维度影响员工的工作能力[277]。

6. 外部环境视角

1）整体环境

一般情况下，外部组织环境中研究最广泛的方面就是不确定性[253]。不同的情境因素将会创造不同的不确定性和组织问题[278]。Miller 等把环境不确定性定义为技术、客户和竞争者行为的改变和不可预测性，他们也表示环境不确定性间接影响着组织结构[268]。Zhao 等表示在质量体系的初级开发阶段，环境不确定性对企业的质量管理规范从一个未开发质量体系转变到一个适应性的质量体系来说十分重要[279]。

2）社会环境

一个组织的依赖性说明了它与其他组织在社会环境中的关系，如商业伙伴（消费者、供应商和服务提供商）、竞争者、管理机构、政府和其他政治社会组织。Pugh 等研究了两个简单类型的组织依赖性，包括对上级组织的依赖和对其他组织的依赖[217]。

3.3.4 对组织情境内容构成的总结

本章节回顾了在信息系统和管理研究领域发表的有关组织情境的期刊文献。通过对组织情境构成的分类，本章节内容为对组织情境的构成以及其在管理及信息系统研究中发展情况的理解提供了一个较完整的框架。这部分内容所描述的组织情境构成的两组分类，包括信息系统研究的组织情境构成和在信息系统领域仍没有明显研究而在管理领域有研究的组织情境构成，其都能影响信息系统的使用性和有效性。本章节有关已经确定的组织情境构成因素的讨论，为理解组织情境和信息系统之间相互作用提供了一个较好的框架。

本章节呈现的结果还有一些其他的意义。

(1) 尽管关于信息系统组织情境的研究有大量的文献，但这个研究主题仍在开发中，并为未来的研究和应用提供了潜在的机会，同时也吸引了从业者和学者的注意[151, 194]。

(2) 许多组织情境的因素是社会性和动态性的，也就是说会因为人们的行动、相互之间的交流和物理环境而不断变化[280]。

(3) 虽然本章节只讨论了一个组织的当前情境，在某些情况下，组织的历史情境也需要被考虑。本书认为组织情境记忆（organizational context memory）应该被视为组织情境的一个重要组成。组织情境记忆反映了过去组织情境构成状态的"快照"（snapshot）。例如，一个组织的情境应该演变为过去策略和结构决定的一个结果，反过来又影响其创新能力[265]。此外，过去的组织绩效管理情况也是一个组织情境记忆的影响因素[264]。本书认为组织情境记忆能应用在许多信息系统决策活动中，如信息系统的自动化工作流、信息推荐系统等。

(4) 尽管本章节没有找到关于信息系统组织情境的更多的文献，但这也不能代表实际情况。有关于这个课题的许多文献可能已经发表，只是没有包括在本章节中。因为本章节的文献检索仅局限于第二类的研究，标题或关键字只包含"organizational /organisational context"或"organization /organisation context"。讨论了组织情境这个话题但没有在标题或关键词中明确提到这些关键字的文献，没有被本书检索出来，尤其是第一类的研究文献。

(5) 从前面的分类可以看出，很少有研究是从项目或工作流的视角来研究组织情境的。描述与处理在一个项目或工作流层次的组织情境可能是一个有趣的课题，尤其是在知识的获取和检索领域[168]。

3.4 项目知识情境的因素构成划分

项目知识情境的因素构成尚未有文献进行详细的划分，由此，本节将根据上节中组织情境的框架内容，识别出项目知识情境包含的各类基本因素。

3.4.1 基于知识活动过程的项目知识情境划分

项目知识的情境与项目知识活动的过程密切关联。对于企业组织中知识活动的过程目前有很多研究，不同的学者有不同的过程划分方式。从知识生命周期的角度来看，大体上可以划分为知识产生/获取、知识存储、知识共享/传递、知识应用这样的四个主要过程[281, 282]。因此，项目知识在项目组织之中的活动也包含着这样的四个过程，即项目知识产生、存储于项目组织中，可以在项目组织内部、项目组织之间进行共享、传递，并由项目组织成员来应用它。相应地，与项目知识相关的情境就有着对应的项目知识产生/获取情境、项目知识存储情境、项目知识共享/传递情境、项目知识应用情境。这四种情境是项目知识活动所在组织的组织情境的一部分，如图3-3所示。

图3-3中，项目知识产生/获取情境、项目知识存储情境、项目知识共享/传递情境和项目知识应用情境，这四种情境围绕着对应的项目知识活动，它们都是用虚线圆圈来表示的，并彼此相交，原因如下。

(1) 虚线表示这些项目知识活动的情境与整个组织的情境是交融的，即它们本身是组织情境的一部分，组织情境中的各类构成因素都有可能对该类情境所环绕的项目知识活动产生影响，都有可能成为该类情境的一部分。不过，前面章节介绍的组织情境相对比较宏观，本节讨论项目知识活动的情境相对比较微观。

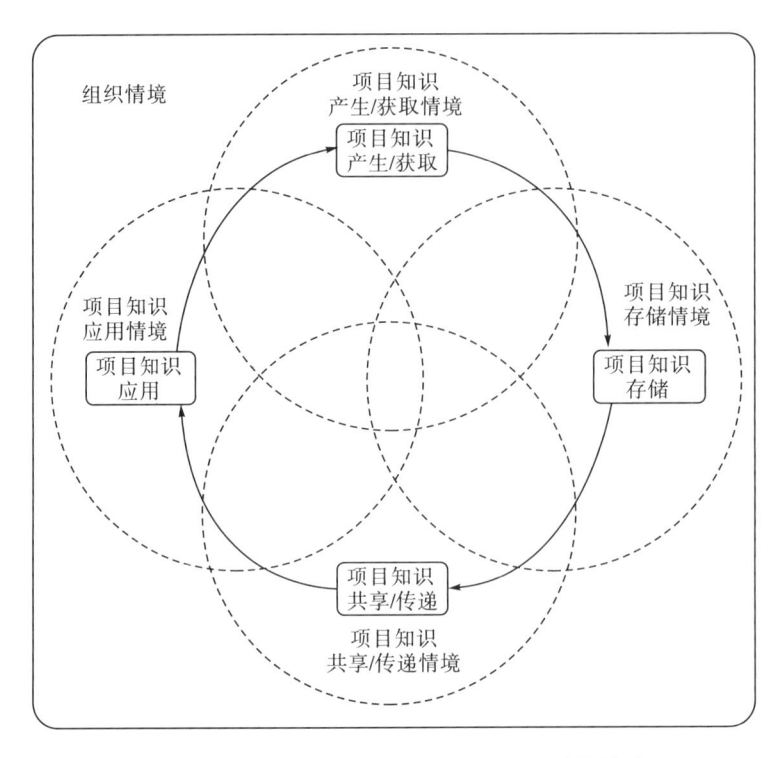

图 3-3　项目知识情境与项目知识活动的关系

(2)圆圈彼此相交,表示这四种情境中的各类因素并不是只存在于一类情境之中的,有一些因素是多种情境共有的,并且同样的一个因素有可能在不同的项目知识活动过程中产生相同或不同的影响。

本书同时用式(3-1)来描述这种项目知识情境的划分。

$$PKC = \{PKC\text{-}Create, PKC\text{-}Storage, PKC\text{-}Share, PKC\text{-}Use\} \tag{3-1}$$

其中,PKC-Create 表示项目知识产生/获取情境;PKC-Storage 表示项目知识存储情境;PKC-Share 表示项目知识共享/传递情境;PKC-Use 表示项目知识应用情境。OC 表示组织情境(organizational context),PKC-Create, PKC-Storage, PKC-Share, PKC-Use∈OC,PKC∈OC。

从逻辑上讲,每一类项目知识活动情境都是多维度多级的,也就是说构成该情境的因素有很多种或很多个维度,而每一个维度又可以往下划分多个层次。例如,项目知识产生/获取情境可以用式(3-2)来表示,而它的一个情境维度又可以往下做多层划分,如式(3-3)和式(3-4)所示:

$$PKC\text{-}Create = \{PKCC_1, PKCC_2, \cdots, PKCC_x\} \tag{3-2}$$

$$PKCC_1 = \{PKCC_{11}, PKCC_{12}, \cdots, PKCC_{1y}\} \tag{3-3}$$

$$PKCC_{11} = \{PKCC_{111}, PKCC_{112}, \cdots, PKCC_{11z}\} \tag{3-4}$$

……

其中，PKCC 是 PKC-Create 的缩写。

3.4.2 项目知识活动的基本情境因素

有一些情境因素在多个项目知识活动环节中都会产生作用，本书把它们称为项目知识活动的基本情境因素。例如，表 3-3 中所列出的时间、位置等情境因素，就是这几种项目知识情境都具备的情境因素，本书称它们为通用/共享的项目知识情境因素。此外，对于在四个项目知识活动环节都会用到的知识本身的内容与形式也是一个可共享的因素。

表 3-3 通用/共享的项目知识情境因素

因素分类			说明
第一层	第二层	第三层	
时间 time	通用日期 common date	年月日 year month day	项目知识活动的详细日期
		时分秒 hour minute second	项目知识活动的详细时间
	特定日期 special date	工作日 workday	是否工作日
		星期 weekday	一周中的星期几
		节日 holiday	某个节日
		纪念日 anniversary	某个纪念日
		……	……
位置 location	地理位置 geographic location	地址 address	项目知识活动的地址
		经纬度 longitude & latitude	项目知识活动的具体位置
		……	……
	组织机构位置 organization structure location	项目组织 project organization	进行项目知识活动的组织
		项目团队 project team	进行项目知识活动的团队
		……	……
	任务位置 task location	所在项目 project	项目知识活动所在的项目
		项目阶段 project phase	项目知识活动所处的项目阶段
		任务编号 WBS	项目知识活动所在的具体任务编号
		……	……

续表

因素分类			说明
第一层	第二层	第三层	
项目知识 project knowledge	知识形式 knowledge form	知识类型 knowledge type	项目知识的类型，如 know-what, know-why, know-how, know-who
		表达方式 expression form	思维、文字、数字、图画、音频、视频等
		……	……
	知识内容 knowledge content	知识领域 knowledge domain	该项目知识所属的领域
		知识分类 knowledge category	该项目知识所属的知识分类结构
		关键词 key words	该项目知识涉及的关键内容
		摘要 abstract	该项目知识的简单介绍
		……	……
……	……	……	……

注：（1）表中并未列完各层各级子因素，因此以省略号代替

（2）表中的一些因素还可以往下层继续划分，如本表中的项目组织、项目团队，表 3-5 中任务资源涉及的人、财、物、信息等，实际使用时应该根据对情境信息的需求的详尽程度不同来决定划分的层次。限于篇幅，本书的表格中只划分到第三层

（3）在本章后续表格中出现的时间/日期、位置、项目知识类的因素，都可以拓展细化为本表格中的对应因素框架，因此在后续表格中将不再对这几种因素展开分析

（4）本表格中采用了中英文混排的形式，主要是为了和第 4 章中基于本体的项目知识情境表示框架的内容对应，便于对照查阅，此外，本表及后续表格中的英文名称参考了 PMBOK 的术语表[206]

此外，在项目知识产生/获取情境、项目知识共享/传递情境和项目知识应用情境中都会涉及项目（project）、项目任务（project task，或项目工作）、项目团队（project team）、项目成员（project member），为此，本书整理了项目、项目任务、项目团队、项目成员涉及的一些信息，它们也是与项目知识活动过程相关的基本情境因素，分别如表 3-4～表 3-7 所示。需要指出的是项目、项目任务、项目团队、项目成员的信息是随着项目进展、时间推移而不断变化的，因此，在不同的项目知识活动情境中，其包含的情境因素所表示的信息可能是不同的。

表 3-4 项目整体相关的情境因素

因素分类			说明
第一层	第二层	第三层	
项目信息 project information	项目描述 project description	项目名称 project name	项目知识涉及的项目的名称
		项目范围 project scope	该项目的工作内容

第 3 章 项目知识情境构成因素分析

续表

因素分类			说明
第一层	第二层	第三层	
项目信息 project information	项目描述 project description	项目工期 project duration	该项目的工期
^	^	项目质量要求 project quality requirements	该项目的质量要求
^	^	项目预算 project budget	该项目的成本预算要求
^	^	项目成果 project deliverables	该项目需要产生的整体成果描述
^	^	项目位置 project location	该项目所在的地理位置(一个或多个)
^	^	……	……
^	项目组织 project organization	项目经理 project manager	该项目的项目经理
^	^	项目成员人数 number of project members	该项目的项目成员人数
^	^	项目团队构成 project team structure	该项目的项目团队划分与构成
^	^	项目职位构成 project position structure	该项目中的职位及其层级关系
^	^	……	……
^	项目实施 project implementation	项目开始日期 project start date	该项目开始运转的日期
^	^	项目完成日期 project finish date	该项目结束的日期
^	^	完成情况 project complete	该项目的完成情况
^	^	总时差 total slack	该项目的总时差
^	^	……	……
^	项目关系 project relationship	项目编码 EPS	该项目的企业项目结构(enterprise project structure)编码
^	^	项目群 program	该项目所属的项目群(上级项目)
^	^	子项目 subproject	该项目所包含的下级子项目
^	^	前置项目 Processor project	在该项目开始前开始的项目
^	^	后续项目 Successor project	在该项目开始后或完成后开始的项目
^	^	……	……

续表

因素分类			说明
第一层	第二层	第三层	
项目信息 project information	项目限制条件 project constraint	项目日历 project calendar	该项目的可用工作时间
		必须开始于 must start on	该项目必须开始的时间
		必须完成于 must finish on	该项目必须完成的时间
		……	……
……	……	……	……

注：(1)本表及后续表格中的时间/日期类信息、位置类信息的具体内容参见表 3-3 中的对应共享情境因素，为简洁起见，表格中不再列出"参见表 3-3"的字样

(2)本表中的"项目经理"及后续表格中的人员因素都可以参照表 3-7 展开，为简洁起见，表格中不再列出"参见表 3-7"的字样

每一个项目可以包含很多个项目任务，相关的情境因素如表 3-5 所示。

表 3-5 项目任务相关的情境因素

因素分类			说明
第一层	第二层	第三层	
项目任务 project task	任务描述 task description	任务名称 task name	项目知识涉及的项目任务的名称
		所属项目 project	该项目任务所在的项目
		任务范围 task scope	该项目任务的工作内容
		任务工期 task duration	该项目任务的工期
		任务质量要求 task quality requirements	该项目任务的质量要求
		任务成本 task cost	该项目任务的成本要求
		任务工作成果 task deliverables	该项目任务需要产生的工作成果描述
		任务负责团队 task responsible team	负责该项目任务的团队
		任务责任人 task responsible person	该项目任务的具体责任人
		任务位置 task location	执行该项目任务的具体地理位置(一个或多个)
		……	……
	任务执行状态 task status	任务开始日期 task start date	该项目任务开始运转的日期
		任务完成日期 task finish date	该项目任务结束的日期

续表

因素分类			说明
第一层	第二层	第三层	
项目任务 project task	任务执行状态 task status	完成情况 task complete	该项目任务的完成情况
		自由时差 free slack	该项目任务的自由时差
		总时差 total slack	该项目任务的总时差
		关键路径 critical path	该项目任务是否在关键路径上
		里程碑 milestone	该项目任务是否为里程碑
		……	……
	任务资源 task resource	人力资源 human resource	该项目任务所用到的人力资源
		资金资源 financial resource	该项目任务所用到的资金资源
		物资资源 material resource	该项目任务所用到的物资资源，包括材料、设备、设施等
		信息资源 information resource	该项目任务所用到的信息资源，包括技术、标准、规章、制度等
		……	……
	任务关系 task relationship	工作编码 WBS	该项目任务的工作分解结构编码
		上层任务 parent task	该项目任务的上级任务，即所属的项目阶段
		子任务 subtask	该项目任务所包含的下级任务
		前置任务 processor task	在该项目任务开始前开始的工作
		后续任务 successor task	在该项目任务开始后或完成后开始的工作
		……	……
	任务限制条件 task constraint	任务日历 task calendar	该项目任务的可用工作时间
		必须开始于 must start on	该项目任务必须开始的时间
		必须完成于 must finish on	该项目任务必须完成的时间
		……	……
……	……	……	……

注：(1) 本表中的"任务负责团队"及后续表格中的团队因素都可以参照后面的表 3-6 展开，为简洁起见，表格中不再列出"参见表 3-6"的字样

(2) 本表中的"所属项目"及后续表格中的类似因素都可以参照前面的表 3-4 展开，为简洁起见，表格中不再列出"参见表 3-4"的字样

(3) 为了命名简洁，表中部分因素的名称和前面项目整体情境表 3-4 中的名称相同（尤其是限制条件），但是由于它们位于不同的情境维度上，实质上是不同的情境因素

每一个项目可以由一个或多个项目团队来完成，相关的情境因素如表 3-6 所示。

表 3-6 项目团队相关的情境因素

因素分类			说明
第一层	第二层	第三层	
项目团队 project team	团队描述 team description	团队名称 team name	该团队的名称
		团队所属项目 team project	该团队所在的项目
		团队业务 team scope	该团队的业务工作内容范围描述
		团队成果 team deliverables	该团队产生的项目成果描述
		团队成立日期 team found date	该团队成立的日期
		团队解散日期 team disbanding date	该团队解散的日期
		团队位置 team location	该团队运转的地理位置(一个或多个)
	……	……	……
	团队构成 team structure	团队负责人 team leader	该团队的负责人
		团队成员 team members	该团队包含的成员
		功能角色 functions & roles	该团队包含的不同功能角色/职位及其关系
		成员角色 member roles	该团队中成员的角色分配
	……	……	……
	团队关系 team relationship	上级团队 superteam	该团队所属的上级团队/项目组织
		子团队 subteam	该团队所包含的下级子团队
		……	……
……	……	……	……

每一个项目团队由多个项目成员来组成，相关的情境因素如表 3-7 所示。

表 3-7　项目成员相关的情境因素

因素分类			说明
第一层	第二层	第三层	
项目成员 project member	个人基本信息 demographic information	姓名 name	该项目成员的名字
^	^	性别 gender	该项目成员的性别
^	^	生日 birthday	该项目成员的生日
^	^	……	……
^	教育背景 education	本科阶段 bachelor	该项目成员的本科学习情况
^	^	硕士阶段 master	该项目成员的硕士学习情况
^	^	博士阶段 Ph.D.	该项目成员的博士学习情况
^	^	……	……
^	技能培训 skill training	参与培训活动 training program	该项目成员参加的培训活动情况
^	^	获取相关证书 certificate	该项目成员获得的认证证书情况
^	^	……	……
^	雇用经历 employment records	本单位经历 intra-organization records	该项目成员在本单位中的就职经历
^	^	外单位经历 other employment records	该项目成员在到本单位前的就职经历
^	^	……	……
^	项目经历 project experience	参与项目 project performed	该项目成员参与的项目名称
^	^	项目团队 project team	该项目成员在上述项目中所属的团队
^	^	项目职位 project position	该项目成员在上述项目中的职位
^	^	工作职责 responsibility	该项目成员在上述项目中所负责的工作
^	^	直接上级 superior	该项目成员在上述项目中的上级领导
^	^	直接下级 subordinate	该项目成员在上述项目中的直接下属
^	^	工作日历 member calendar	该项目成员在上述项目中工作的具体时间安排
^	^	……	……
……	……	……	……

为了突出"项目经历"的内容，表 3-7 中"项目经历"部分维度的展开方式与前面的几个因素不同，其下面的几个子因素都是用于描述同一个项目的，当有多个项目的时候需要重复这些因素。另外，此处的部分信息虽然可以从项目团队、项目任务表中查到(如工作职责、直接上级、直接下级等，即重复了项目团队表中的部分信息)，但是考虑到数据检索计算的效率以及信息显示的完整性，此处保留了这些数据冗余。此外，当前正在参加的项目也用"项目经历"中的信息来相应表达。

严格来讲，在项目中所使用到的材料、设备、设施、技术等也可以按照类似上述项目成员等表格的形式构建对应的情境信息表，但是由于项目知识的产生主要与人和任务关联，因此，本书的重点放在项目任务和项目成员上。

当然，上述四种分类情境中也分别有一些特别的情境因素。下面各小节中将整理、列出这些因素。

3.4.3 项目知识产生/获取情境

项目知识产生/获取情境是项目知识在项目中被创建时或被从外部引入项目组织中时相关知识活动的情境，其主要情境因素如表 3-8 所示。

表 3-8 项目知识产生/获取情境因素

因素分类 第一层	第二层	第三层	说明
项目知识 project knowledge	—	—	项目成员创建/获取的项目知识
项目状态 project status	—	—	创建/获取该项目知识时项目的整体状态
团队状态 team status	—	—	创建/获取该项目知识的项目团队的状态
任务状态 task status	主项目任务 primary project task	—	创建/获取该项目知识的主要/关键项目任务的状态
	其他项目任务 other project tasks	—	创建/获取该项目知识的相关项目任务的状态
项目知识产生/获取 project knowledge creation/hunt	创建信息 creation information	知识创建者 knowledge creator	该项目知识的创建者(一个或多个)
		创建时间 create time	创建该项目知识的具体时间
		创建位置 create location	创建该项目知识时的具体位置，包括地理位置、机构位置和任务位置
	获取信息 hunt information	知识获取者 knowledge hunter	该项目知识的获取者(一个或多个)

续表

因素分类			说明
第一层	第二层	第三层	
项目知识产生/获取 project knowledge creation/hunt	获取信息 hunt information	获取时间 hunt time	获取该项目知识的具体时间
		获取位置 hunt location	获取该项目知识时的具体位置,包括地理位置、机构位置和任务位置
……	……	……	……

注：(1) 本表及后续表格中的"项目状态"的具体内容对应表3-4中的各类项目整体情境因素,为简洁起见,表格中不再列出"参见表3-4"的字样

(2) 本表及后续表格中的"任务状态"及其子项的具体内容对应表3-5中的各类项目任务情境因素,为简洁起见,表格中不再列出"参见表3-5"的字样

3.4.4 项目知识存储情境

项目知识存储情境是在创建/获取项目知识后将其存储到某个位置的某种介质中并对其访问设定权限要求的情况以及其他相关组织情境,其内容如表3-9所示。为简化起见,表3-9中没有考虑项目知识更新时的项目状态和项目任务状态。此外,表3-9中的项目知识更新主要是对项目知识的小调整,本书认为对项目知识进行大幅修改所产生的应该是新的项目知识。

表3-9 项目知识存储情境因素

因素分类			说明
第一层	第二层	第三层	
项目知识 project knowledge	—	—	所存储的项目知识
项目知识库 project knowledge repository	存储形式 storage form	物质的 material	以纸、胶片等物质的方式存储项目知识
		电子的 electronic	以电子化、数字化的方式存储项目知识
		人脑 human brain	项目知识存在于项目成员的大脑中,即为隐性知识
	保存位置 storage location	地理位置 geographic location	该项目知识保存的地理位置
		组织机构位置 organization structure location	负责该项目知识存取的机构位置
		电子位置 file/data path	如果该项目为电子化的,其电子文件或数据存放的路径或网络地址URL
		思维位置 know-who	了解、知晓该项目知识的项目成员或外部人员(一个或多个)

续表

因素分类			说明
第一层	第二层	第三层	
项目知识库 project knowledge repository	知识权限 knowledge authority	保管者 caretaker	负责保管该项目知识的组织成员
		访问权限 access authority	对该项目知识的访问权限设置
	......	......	......
	知识更新 knowledge update	更新者 updater	更新该项目知识的人员(一个或多个)
		更新内容 updated content	所更新的内容描述
		更新时间 updating time	更新该项目知识的时间
		版本编号 updating version	更新后，该项目知识的版本编号
......	......	......	......

3.4.5　项目知识共享/传递情境

项目知识共享/传递情境主要包括所共享/传递的项目知识的发送方的情境信息、接收方的情境信息以及其他组织情境信息，其主要内容如表3-10所示。需要注意的是，在本书的设定中，项目知识的共享/传递是在同一组织中进行，发送者和接收者可能工作于该组织的不同项目中以及不同的项目任务中；而从组织外来的项目知识，首先需要经过项目知识的获取、存储两个步骤，才能进入共享/传递阶段，不考虑直接跨越组织边界的内外项目知识共享、传递。

表 3-10　项目知识共享/传递情境因素

因素分类			说明
第一层	第二层	第三层	
项目知识 project knowledge	—	—	共享/传递的项目知识
项目知识共享/传递 project knowledge sharing/delivering	知识发送 knowledge sending	发送者 sender	共享/传递出该项目知识的项目成员(一个或多个)
		发送时间 sending time	共享/传递出该项目知识的具体时间
		发送位置 from location	共享/传递出该项目知识时的具体位置，包括地理位置、机构位置和任务位置
		来源项目 from project	共享/传递该项目知识时发送方所在项目的整体状态

续表

因素分类			说明
第一层	第二层	第三层	
项目知识共享/传递 project knowledge sharing/delivering	知识发送 knowledge sending	来源团队 from team	共享/传递该项目知识时发送方所在项目团队的整体状态
		来源任务 from tasks	共享/传递该项目知识时与发送方主要相关的项目任务的状态
		……	……
	知识接收 knowledge receiving	接收者 receiver	接收该项目知识的项目成员（一个或多个）
		接收时间 receiving time	接收该项目知识的具体时间
		接收位置 to location	接收该项目知识时的具体位置，包括地理位置、机构位置和任务位置
		接收项目 to project	接收该项目知识时接收方所在项目的整体状态
		接收团队 to team	接收该项目知识时接收方所在项目团队的整体状态
		相关任务 to tasks	接收该项目知识时与接收方主要相关的项目任务的状态
		……	……
……	……	……	……

3.4.6 项目知识应用情境

项目知识应用情境是项目成员根据所需执行的项目任务工作需求，采纳使用某项目知识的情境，其主要内容如表 3-11 所示。

表 3-11 项目知识应用情境因素

因素分类			说明
第一层	第二层	第三层	
项目知识 project knowledge	—	—	所需应用的项目知识
项目知识应用 project knowledge usage	应用者 user	—	应用该项目知识的项目成员
	应用时间 App time	—	应用该项目知识的具体时间
	应用位置 App location	—	应用该项目知识时的具体位置，包括地理位置、机构位置和任务位置

续表

因素分类			说明
第一层	第二层	第三层	
项目知识应用 project knowledge usage	应用于项目 App project	—	应用该项目知识时应用者所在项目的整体状态
	应用于任务 App task	—	应用该项目知识去处理的项目任务的状态
	应用反馈 user response	知识评分 knowledge rating	对该项目知识的重要性、可用性打分
		知识点评 knowledge comments	记录应用该项目知识的效果、经验等
	……	……	……
……	……	……	……

3.5 本章小结

本章阐述了项目知识的体系与分类，讨论了项目知识与组织情境的关系，认为项目知识情境是组织情境的一部分。本章通过对研究文献的回顾整理，拟制了组织情境的分类框架，包括组织整体、部门、项目、工作流、个人、外部环境六方面的视角，识别了信息系统研究中的组织情境因素，以及在管理类研究中的其他组织情境因素，为全面地理解组织情境、项目知识情境的含义和内容提供了帮助。在此基础上，本书根据项目知识活动的特点，针对项目知识情境的因素进行了划分，提出了项目知识情境的内容框架，包括项目知识活动的基本情境、项目知识产生/获取情境、项目知识存储情境、项目知识共享/传递情境和项目知识应用情境五个方面。

需要注意的是，在 3.3 节中讨论的组织情境因素，并没有全部纳入 3.4 节中的项目知识情境框架中。这是因为：①组织情境涉及的因素很多，全部纳入后将使得项目知识情境的框架过于复杂，后续研究时可以根据研究方式和研究内容适当选择加入其他的因素；②目前，部分组织情境因素还缺乏基于信息系统来测量、记录的方法，尤其是组织文化部分的因素，这些因素的衡量有待后续研究；③本书主要讨论一个企业组织内部的项目知识共享，因此，组织间的一些组织情境因素还没有纳入考量。

此外，在上述 3.4 节中所讨论的项目知识活动的各类情境主要关注项目知识涉及的人和任务，所描述的信息更多地偏向于在进行项目知识活动时这些情境即时/实时的情况。但是，项目知识情境相关因素的这些信息的内容是随着项目的进展不断变化的，而这个变化的过程，即项目知识情境的历史，对于项目知识活动（尤其是项目知识的共享/传递与应用)也会有一定的影响。不过,限于本书的篇幅与研究内容范围,暂时没有完整地考虑除人员的项目经历之外的项目知识情境历史。这些内容和组织记忆有关,将在后续的工作中进一步研究。

总之,在不考虑情境的情况下,讨论组织问题的意义不大[194]。许多关于项目管理行为的研究来自对项目组织情境的理解。然而,人们对于情境的知识仍然非常有限,"情境对组织行为的影响还没有被研究者们充分地认识或领会"[194]。正如 Porter 指出的,"我们都明白,我们不知道的东西远远多于我们所知道的东西"[193]。因此,在本书中所讨论的这样一个项目知识情境构成的内容框架应该是尚未完全讨论完的,并且也是永远不会被全部讨论完的,需要在后续的研究中不断丰富充实。

第4章 项目知识情境的表示方法研究

4.1 知识表示及其方法概述

4.1.1 知识表示的含义

知识表示(knowledge representation,也可以称为知识表达或知识描述)最初是在人工智能领域中讨论得比较多,是该领域非常重要的基本概念与方法。Davis 等认为可以用五个基本规则来更好地理解和应用知识表示的不同方面[283]:①一个知识表示从根本上来讲是一个事物自身的代理(surrogate),通过使用它,一个实体可以经由思考而不是行动来判定推论;②知识表示是一组本体约定(ontological commitment),是一个问题的答案;③知识表示是一个智能推理的片段理论(fragmentary theory);④知识表示是一个实用的、有效的计算媒介,通过它构建了完成思考的计算环境;⑤知识表示是一个人类表达的媒介,它是我们谈论世间事物的一种语言。简单来看,知识表示可以作为描述世界而所做出的一组约定,是对知识进行符号化的过程,通过知识表示,将形成形式化的知识模型[284]。

4.1.2 知识表示的常见方法

知识表示方法的研究与应用已经有很长一段时间了,有些学者对其做了归纳与对比[10, 284-286]。对于同一事物,人们可以采用不同的方式来描述,同理,对于同一知识,也可以采用不同的表示方法。各种知识表示方法可以看作是不同的形式化的知识模型[284]。

目前知识表示的常见方法有以下几种。

1. 谓词逻辑

谓词逻辑(predicate logic),尤其是一阶谓词逻辑,是被学者们最早采用的知识表示方法,有上百年的历史,在哲学、数学、语言学、计算机科学中得到了广泛的应用。谓词逻辑方法接近自然语言,表达精确、简单灵活,具有较为完备的严格的推理算法,通用性很强,方便用于表示事物的概念、属性、状态等事实性知识,也适合表示事物之间确定性的因果关系[10, 285, 286]。谓词逻辑表示法的缺点主要是难以表达启发式知识和不确定性知识,在求解问题的事实数量较大时,推理容易出现组合爆炸和效率低的问题[10, 285, 286]。

2. 产生式表示法

产生式(production)表示法(或产生式规则表示法)在20世纪40年代由逻辑学家 Post 提出[284],它考虑到了人类记忆、处理各种知识时所采用的因果关系,其常见的表现形式是:IF(前提1)&…&(前提 i)THEN(行动或结论1)&…&(行动或结论 j)。显而易见,产生式表示法的表示形式和人们大脑平时的判断处理比较一致,简单直观,容易处理,可以表示确定性知识和不确定性知识,也便于表示启发式知识和过程性知识,常用于各类专家系统[10, 285, 286]。产生式表示法的缺点主要是对结构性知识表现不好,各种规则之间的关系相对难以描述,事实规模大的时候,推理效率不高,也会出现组合爆炸[10, 285, 286]。

3. 框架表示法

框架(frame)表示法的基本思想是由研究人工智能的学者 Minsky 在1975年提出[284]。一个框架可以看成是一种描述知识对象属性的数据结构,通常由一个框架名称、若干个槽(slot,框架的子结构),以及若干个框架遵循的约束条件三个部件组成,其中,槽用于描述对象在某方面的属性,每个槽又可以继续划分为若干个侧面(facet),每个侧面具备若干约束条件。框架表示法的显著特点就是结构性强,便于结构性知识表示,能够较好地表达知识之间以及知识内部的结构关系,也利于保持知识的继承性和一致性[10, 286]。其主要缺点是对过程性知识、不完全知识的表示力度不够[285, 286],各个子框架的数据结构规范统一的难度较大,还缺乏形式理论来保障推理的严密性等[10]。

4. 语义网络表示法

语义网络(semantic network 或 frame network)起初只是用于描述英语单词之间的词义关系,后来由学者 Quillian 拓展到描述各种概念之间的语义关系[284]。一个语义网络可以看作一个由若干节点和弧线构成的带有标记的有向图,其中,节点代表物体、概念、事件、状态、动作等,节点之间的弧线表示彼此之间的关系[286]。语义网络的表示方法简洁、直观,其对关系的表达符合人类思维的方式和习惯,表达的知识范围广,也是一种结构化的知识表示方法,表示能力较强[10]。其主要缺点是对某些知识需要采用变通(workaround)的方法来表达,如否定(negation)、分离析取(disjunction)、非分类(non-taxonomic);当网络复杂、节点个数很多时,推理难度大、效率低;此外,推理的严格性和有效性不如逻辑方法[10, 284]。实际应用时,语义网络表示方法常常和其他方法结合起来使用,取长补短[284]。

除了上述表示方法以外,还有其他一些知识表示方法,如脚本(script)表示法、状态空间(state space)表示法、Petri 网表示法、面向对象的知识表示法、模糊知识表示法、神经网络(neural network)知识表示法、概念图(conceptual graphs)知识表示法等。但是这些方法的应用范围不如上述方法广泛，因此，在此不进行更多的阐述。

4.1.3 知识表示方法的选取原则

需要说明的是，知识的表示方法对知识处理的实现形式、效率以及资源耗用等影响很大[286]。在处理某个具体问题的时候，选取不同的知识表示方法可能会产生差异很大的效果[10, 286]。有学者研究综合了一些选取知识表示方法的指标，如何绍华和王非提出了一个框架来对各种知识表示方法进行比较和评估，该框架需要考察以下内容[285]。

(1) 表示充分性，即知识表示方法应能表示所选领域内各种类型的知识，需考察可表示的知识类型和对应的存储与表示空间的粒度。

(2) 表示属性，即知识表示结果的特性，包括自然性、力度(即表示效果)、模块性、结构性、遵循弗雷格原则(Frege's principle，复杂的知识表示可以由比它更简单的知识表示按照某种方式组合起来进行表示)。

(3) 支持的推理方法，包括推理策略、数据及控制策略以及搜索策略。

(4) 推理属性，即推理的计算效率、完备性、一致性和透明度。

张建华和郭增茂也综合多个研究，整理设计了一套评价知识表示效率与效果的指标体系，指出需要考察知识表示方法的以下几个方面[287]。

(1) 表示能力，包括表示广度与深度，表示的一致性、准确性、有效性等。

(2) 可理解性，包括合理性、自然性、逻辑结构和存储结构的简易程度等。

(3) 推理特性，包括支持的推理策略和搜索策略、推理的透明程度、推理的可编码性、推理结果的正确性和推理效率等。

(4) 易操作性，包括模块性、封装性、继承性、结构化程度等。

由此，针对具体问题，需要根据上述指标和问题的特征，选择合适的知识表示方法。

4.1.4 本体与知识表示

本体(ontology)的概念来自哲学领域，一个本体就是对一个存在(existence)有体系的解释说明，其核心思想就是对某个领域的真实存在进行建模[288]。从20世纪80年代初开始，人工智能领域的学者引入了本体的概念，并逐渐将其用于知识的共享与重用[288, 289]。在计算机科学以及知识管理研究中，抽象地讲，本体是对一个概念化(conceptualization)的规范说明(specification)[289]；通俗地讲，本体可以看作是形式化(formalized)的术语(term)词汇表(vocabulary)，它具体说明了术语的定义、描述了术语之间的关系，通常涵盖了一个特定的领域并被一个群体的用户所共享[290]。

本体和语义网(semantic web)之间的关系非常密切。语义网的思想由 Berners-Lee 在 1998 年提出，它是对目前普遍使用的万维网的延伸与拓展，可以视为下一代互联网[291]。语义网的设计目的和计算机科学中的知识表示类似，也是为了让计算机(机器)能够理解网页上的内容(即语义)，从而可以实现更自动化的人与计算机以及计算机与计算机之间的交互、交流[292]。本体是实现语义网的关键技术之一，语义网则提供了描述和展示本体的语言与工具。

基于本体的知识表示就是根据本体论的思想，采用相应的表示语言将知识以本体的形式描述出来，它是对语义网络知识表示方法的拓展。实践证明，利用本体来对领域知识进行表示可以大大提高一个领域的知识共享效率，并降低知识共享的成本[293-295]。

(1) 一个领域中，任何知识表示系统的核心都是该领域的本体，没有本体或概念化，该领域就难以形成一个知识表示的词汇表，通过基于本体论的分析，可以使知识的结构变得明晰，为知识表示与知识共享奠定基础[295]。

(2) 基于本体的共享有助于形成特定领域(domain-specific)知识表示语言的基础，使我们可以建立描述具体状况的特定知识库(specific knowledge base)[295]。例如，不同的项目物资供应商可以使用一个通用的词汇和语法来建立描述他们产品的目录，然后，企业的各项目团队和这些项目物资供应商可以共享这些目录，并在项目信息系统中使用它们。这种共享大大增加了知识重用可能性[295]。

经过综合考虑，本书选取基于本体的知识表示方法来进行项目知识表示。

4.1.5 本体描述语言

多年以来，学者们研发出了很多种本体描述语言。国际标准化组织(International Organization for Standardization，ISO)发布了一个关于本体的标准(ISO/IEC 19763-3)，其中列出来许多被认可的本体表示语言[296]，包括CGIF(conceptual graph interchange format，概念图交换格式)、CLIF(common logic interchange format，通用逻辑交换格式)、RDF-S(resource description framework schema，资源描述框架模式)、XCL(eXtended common logic markup language，可扩展的通用逻辑标记语言)、UML(unified modeling language，统一建模语言)、OWL(web ontology language，网络本体语言)等。

不同的本体语言提供了不同的描述工具。在标准的本体语言中，目前使用最广、发展最快的本体语言是由 W3C(World Wide Web Consortium，万维网联盟)提出的 OWL。OWL 是在形式语义(formal semantics)和 RDF(resource description framework，资源描述框架)/ XML(eXtensive markup language，可扩展标示语言)的基础上发展起来的，其研发的目的是促进本体的开发和网络共享，以达到使 Web 内容更容易被机器所理解的最终目标[290]。

OWL是针对那些需要处理文档中的信息的应用程序设计的,并不是只限于向用户展现信息[297]。OWL可以用来明确地表示词汇表中各术语的意义,以及它们彼此之间的关系,即呈现本体的功能。相比XML、RDF、RDF-S等本体表示语言,OWL有更多表达含义和语义的工具,尤其是在网络上表示机器可解释内容的能力方面超越这些语言[297]。例如,OWL可以描述概念及其关系,同时它也提供了一组非常丰富的操作运算功能,如交集(intersection)、并集(union)和否定(negation)。OWL基于一个和传统语义网络不同的逻辑模型,使得概念不仅可以被定义而且可以被描述,由此,复杂的概念可以在简单概念定义的基础上建立。此外,OWL的逻辑模型允许使用推理机(reasoner),这样就可以检查本体中的所有的声明和定义是否是一致的,也可以识别出哪些概念适合哪些定义。OWL的推理机可以帮助维持本体正确的层次关系。当处理一个类可以有多个父类的实例时,这种推理功能特别有用。

W3C在2004年2月发布了OWL的第一个版本"OWL 1"[297]。2012年12月,在OWL 1的基础上进行了扩展和修改,W3C发布了"OWL 2"[290]。一个OWL2本体主要包括一套公理(axiom)的集合、注释(annotation),以及本体的标识符。

1. **公理**

公理用于声明在一个领域中什么是对的。OWL2中的公理包括声明(declarations)、类公理(axioms about classes)、属性公理(axioms about properties)、注释公理(axioms about annotations)、数据类型定义(datatype definitions)、键(keys)、断言(assertions)等。

2. **注释**

注释主要是用于针对本体、实体和公理提供有关说明信息。在OWL2中注释根据使用对象的不同可以分为本体注释、公理注释和注释的注释。

3. **本体的标识符**

在OWL1中,本体及其所包含的部分通过统一资源标识符(uniform resource identifier,URI)来进行识别;在OWL2中,则是采用国际资源标识符(internationalized resource identifier,IRI)来进行识别[298]。URIs采用ASCII字符集,IRIs则采用通用字符集(universal character set,即Unicode/ISO 10646),因此,IRIs可以表示更多的信息,包括中文字符等。每一个IRI都是相对独立的。在结构化表达中,只有在所有的表示完全相同的情况下,两个IRI才是结构上相等的[298]。

每一个本体都可以有一个"本体IRI"。例如,一个项目本体的IRI可以表示为 <http://www.example.com/ontology/projectontology>

同时，如果一个本体有一个本体 IRI，那么这个本体还可以有一个"版本 IRI"（version IRI），用于识别当前本体的版本。例如：

<http://www.example.com/ontology/projectontology/1.0>

<http://www.example.com/ontology/projectontology/2.0>

因此，如果两个本体有相同的本体 IRI，那么它们的版本 IRI 必然不同。

4.2 基于信息系统的项目知识

4.2.1 项目知识管理信息系统

随着企业中各类项目活动的日益增加，为了更加有效地管理项目，项目管理信息系统也就应运而生了。项目管理信息系统是由用于收集、综合和传播项目管理过程成果的工具和技术组成的信息系统[206]。从项目启动开始直到项目收尾，项目管理信息系统可以用于支持项目的各个方面。广义地讲，项目管理信息系统可以包括人工和自动的系统[206]。本书中的项目管理信息系统特指采用数字化存储、网络通信、数据库等信息技术构建的计算机软硬件系统。

同时，在知识管理的环境下，为了有助于企业对项目进行管理和决策，项目知识管理工作需要建立一个基于项目管理工具平台、面向项目过程和项目案例的知识管理系统[99]，项目管理信息系统也开始被用于对项目知识的管理。当项目管理信息系统专门用于项目知识的管理时，这样的信息系统也可以称为项目知识管理信息系统（project knowledge management information system，PKMIS）。

4.2.2 基于信息系统的项目知识形式与分类

本书把可以通过项目管理信息系统进行收集、存储、处理和分发的项目知识统称为基于信息系统的项目知识（project knowledge based on information system，PKoIS）。基于信息系统的项目知识包含前述项目知识范畴中的三类知识，即包括：①一般管理知识；②项目管理所特有的知识；③项目相关应用领域的知识[26, 27, 201]，这些知识通常大多为显性知识/言传知识，但是也包含部分隐性知识/意会知识。

根据知识的表现形态，在项目管理信息系统中的基于信息系统的项目知识可以分为如下两大类。

（1）文档（documents），即以电子文档形式存档的文件，其内容往往是非结构化的数据。

（2）工作数据（work data），即存放于项目信息系统数据库中的项目过程信息，其内容往往是结构化的数据，如工作分解结构（work breakdown structure，WBS）等。

根据知识的功能作用特点，对于一个具体的项目来讲，其涉及的项目管理信息系统中的基于信息系统的项目知识可以分为如下几个方面。

(1) 常规(routine)知识，属于项目显性知识。例如，项目计划书(project plan)、需求建议书(requests for proposals)、项目日常报告(project routine work reports)等。

(2) 规则(rule)知识，属于项目显性知识。例如，项目的 WBS、项目里程碑(project milestone)的设定、资源限额(resource quota)、报警指标值(alarm indicator)等。

(3) 教训(lesson)，既包括项目显性知识，也包括项目隐性知识。例如，项目意外事件报告(accident reports)等。

(4) 工作经验(work experience)，既包括项目显性知识，也包括项目隐性知识。项目经验(project experience)，这种知识大多是隐性知识/意会知识，存在于人的脑海中，难以显性化，不过，其中有些内容可以显性表示，如对于"如何在一个项目中进行项目成员的工作与责任分配"，"对项目成员针对特定工作的经历与业绩的了解"，"谁知道如何处理新项目中的这些工作任务"等经验类问题，可以通过查询比较以前类似项目中的工作情况或者通过系统查询到处理过类似问题的项目成员再寻求其帮助而得到。

本部分所研究的项目知识正是上述基于信息系统的项目知识，重点是其中显性的项目知识。为了简化描述，如无特别说明，后文中的项目知识一词均指代基于信息系统的项目知识。

4.3 基于本体的项目知识情境表示的基础方法设计

在设计一个领域有效的知识表示系统和词汇表时，第一步就是对该领域进行一个有效的本体论分析[295]。由此，本书以 OWL 本体描述语言为基础，针对项目及项目管理的特点，构建了一套基于本体的项目知识情境表示的基础方法。为了清晰简单地描述项目知识与情境，本书拟通过四个基本组件，即个体(individual)、类(class)、属性(property)和约束(restriction，或称"限制条件")，来构建项目知识情境本体(project knowledge context ontologies)。

下文详细阐释这套基于本体的项目知识情境表示方法的四个基本组件。

4.3.1 个体

个体表示所讨论的某领域中实际的对象(actual object)，也称为实例(instance)[298]，如图 4-1 所示。在项目中，个体可以有很多种表现形式。

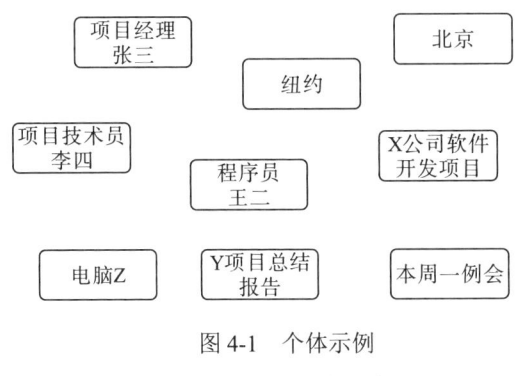

第 4 章　项目知识情境的表示方法研究　　　　　　　　　　　　　　　　　　　69

图 4-1　个体示例

本书采用圆角矩形来表示个体(实例)

(1) 个体可以是具体的人，如项目经理张三、项目技术员李四、程序员王二、建筑工人甲等。

(2) 个体可以是具体的物品，如一号挖掘机、一包水泥、两捆钢筋等。

(3) 个体可以是某种事件及其集合，如××项目、项目总结会、项目现场检查等。

(4) 个体可以是某种无形的、抽象的东西，如项目考勤制度、项目成本定额、某种项目施工技术等。

(5) 个体也可以是某个概念，如某个地名(中国、美国、纽约、伦敦等)、某种颜色(红色、黄色、蓝色、绿色等)、某个度量衡(千克、米、平方等)。

4.3.2　类

1. 类的概念

类是包含众多同类型个体的集合[298]。如图 4-2 所示，"项目"这个类包含在所关注的领域中的所有项目个体。有的本体表示中也用"概念"(concept)来代表类，因为，类也可以看作是对抽象概念的具体陈述，而前面谈到的个体实际上表示的就是该抽象概念的一个具体实例[298]。

图 4-2　类示例

2. 类的层次结构

类是本体的基本构件。多个有联系的类可以组成一个包含父类和子类的分类体系(taxonomy)。如图 4-3 所示,项目人员是项目质检员的父类,项目质检员是项目人员的子类,作为项目质检员意味着也是项目人员,项目人员包含了项目质检员。图 4-3 采用包容的形式来表示类的多层级关系,图 4-4 则采用分层结构的形式来表示,在项目技术员中又划分了 Java 程序员和网页设计员两个更小的子类别。通过定义本体中的父类-子类及其关系,可以利用一些本体编辑工具中基于 OWL-DL(description logic,描述逻辑)的推理机来进行自动的层次关系检查。

图 4-3 类的层次结构示例

本书采用椭圆形来表示类

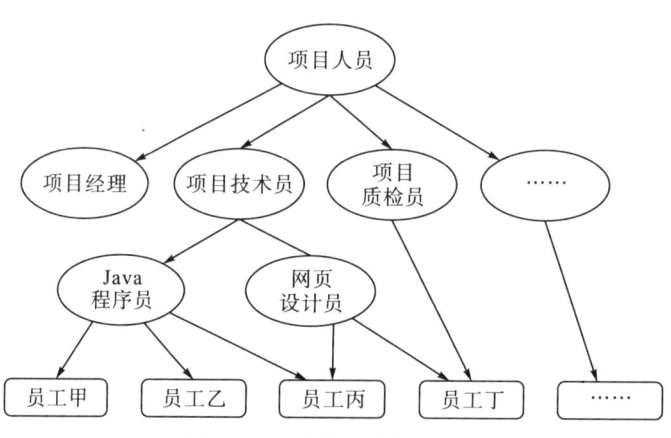

图 4-4 个体的多重从属关系

在 OWL2 中,"owl:Thing"表示所有个体的集合,即 Thing 是在类的层次结构中处于最顶层的类,或可称为最顶层的概念(top concept),其他的类都是它的子类、子概念;"owl:Nothing"则表示空集,也表示最底层的概念(bottom concept)[298]。这两个类是 OWL2 预先定义好的,嵌入在所有的其他类的设计与使用中,本书所设计的项目知识表示方法也遵从此约定。

个体与类的从属关系：一个个体可以只属于一个类，也可以同时属于几个类。如图 4-4 所示，某个软件开发项目中，员工丙技术能力很强，既可以从事 Java 程序开发，又可以从事网页设计；员工丁可以做网页设计，同时由于其细心的特点，又被赋予了项目质量检查、测试的工作。

3. 类之间的关系

本书所设计的项目知识表示方法中，类之间的关系主要包括三种：父子关系(subclass)、等价关系(equivalent classes)和互斥关系(disjoint classes)。

1) 父子关系

类之间的父子关系是本体中类的层次结构构建的基础，这种关系类似于面向对象思想中的继承(inheritance)。父子关系可以用公理的形式来表示，如式(4-1)所示[298]：

$$\text{SubClassOf}(\text{ subCE superCE }) \tag{4-1}$$

其中，CE 是类表达式(class expression)的缩写。

例如，类"项目技术员"(ProjectTechnician)表示了所有的项目技术员，类"项目人员"(ProjectMember)表示所有参与项目的人，可以用如下的公理来表示二者的关系：

$$\text{SubClassOf}(\text{ a:ProjectTechnician a:ProjectMember }) \tag{4-2}$$

即项目技术员是项目人员的子类，每一个项目技术员都是一个项目人员。

父子关系的完整表达方式如式(4-3)所示[298]：

$$\text{SubClassOf}(\text{ axiomAnnotations subCE superCE }) \tag{4-3}$$

其中，"axiomAnnotations"表示对公理的附加注释。

此外，OWL 中并没有强制规定类的命名规则，但是，很多文档都推荐使用驼峰规则(camelback notation)命名。简单地说，就是：①所有的类命名都开始于一个大写字母，并且名称中每个单词的第一个字母都大写；②类命名中不使用空格，可以使用下划线。统一的命名规则有利于对程序文档的理解与交流，因此，本书所设计的项目知识表示方法也采用驼峰规则对类命名。

2) 等价关系

类之间的等价关系表示两个或多个类是相等的，即名称不同但含义相同。等价关系可以用公理的形式来表示，如式(4-4)所示[298]：

$$\text{EquivalentClasses}(\text{ CE}_1 \cdots \text{CE}_n) \tag{4-4}$$

式(4-4)表示所有的类 $CE_i (1 \leq i \leq n)$ 从含义上是相等的。

类是可以被描述的，该描述指定了一个个体要成为类的一员所必须满足的若干条件[298]。基于这个特点，可以采用等价关系来对一个类进行描述或定义，如式(4-5)所示：

$$\text{EquivalentClasses}(\text{Class CE}) \tag{4-5}$$

即用表达式 CE 来定义类。例如，可以用交集来定义：

$$\text{EquivalentClasses}(\text{a:ProjectCTO}$$
$$\text{ObjectIntersectionOf}(\text{a:ProjectExecutive a:ProjectTechnician})) \tag{4-6}$$

式(4-6)表达了对项目技术主管(chief technology officer，CTO)的定义，即项目高层管理者(executives)与项目技术人员(technicians)的交集。其中"ObjectIntersectionOf"用于表示两个或多个类之间的交集。

也可以用取值来定义，例如，式(4-7)表示一个 Java 程序员有开发技能，这个开发技能就是 Java。

$$\text{EquivalentClasses}(\text{a:JavaProgramer}$$
$$\text{ObjectSomeValuesFrom}(\text{a:hasDevSkill a:JavaSkill})) \tag{4-7}$$

等价关系的完整表达方式如式(4-8)所示[298]：

$$\text{EquivalentClasses}(\text{axiomAnnotations CE CE\{ CE \}}) \tag{4-8}$$

3) 互斥关系

互斥关系是指两个类之间不相交，即无交集。如式(4-9)所示[298]，表示所有的类 $CE_i (1 \leqslant i \leqslant n)$ 从含义上是两两相斥的(pairwise disjoint)，即当 $i \neq j$ 时，没有个体可以同时成为 CE_i 和 CE_j 的实例。

$$\text{DisjointClasses}(CE_1 \ldots CE_n) \tag{4-9}$$

如果两个类是互斥的，那么可以表示为式(4-10)：

$$\text{DisjointClasses}(CE_1\ CE_2) \tag{4-10}$$

例如，项目人员和项目设备(ProjectEquipment)是两个互斥的类，可以表现如式(4-11)所示。

$$\text{DisjointClasses}(\text{a:ProjectMember a:ProjectEquipment}) \tag{4-11}$$

式(4-10)可以转换为采用类之间的父子关系来表示，如式(4-12)所示。

$$\text{SubClassOf}(CE_1\ \text{ObjectComplementOf}(CE_2)) \tag{4-12}$$

其中，"ObjectComplementOf"用于表示除某个类的实例以外的那些个体。

互斥关系的完整表达方式如式(4-13)所示[298]：

$$\text{DisjointClasses}(\text{axiomAnnotations CE CE \{ CE \}}) \tag{4-13}$$

互斥并集(disjoint union)：式(4-14)表示一个类 C 是类 $CE_i(1 \leqslant i \leqslant n)$ 的一个互斥并集(或不相交并集)，其中 CE_i 两两互斥，即每个类 C 的实例只会是某一个 CE_i 的实例，并且，每一个 CE_i 的实例都是 C 的实例。

$$\text{DisjointUnion}(C\ CE_1 \ldots CE_n) \tag{4-14}$$

式(4-14)的含义也可以利用前述的等价关系和互斥关系来联合进行表示[298]，如式(4-15)和式(4-16)所示：

$$\text{EquivalentClasses}(C\ \text{ObjectUnionOf}(CE_1 \ldots CE_n)) \tag{4-15}$$

$$\text{DisjointClasses}(\text{CE}_1 \cdots \text{CE}_n) \tag{4-16}$$

4.3.3 属性

1. 属性的概念

属性主要表示的是个体之间二元关系[298]。如图 4-5 所示，属性 hasProjectManager(有项目经理)可以把个体"软件开发项目"和个体"张三"联系起来，属性 hasMinutes(有会议记录)可以把个体"项目阶段检查会议"和个体"项目阶段检查会议记录"联系起来。有些属性表示的关系可以倒转(inverses)，如图 4-5 中，hasCreator(有创建者)的倒转是 isCreatedBy(被创建)。倒转属性的具体特征将在后文详细阐述。

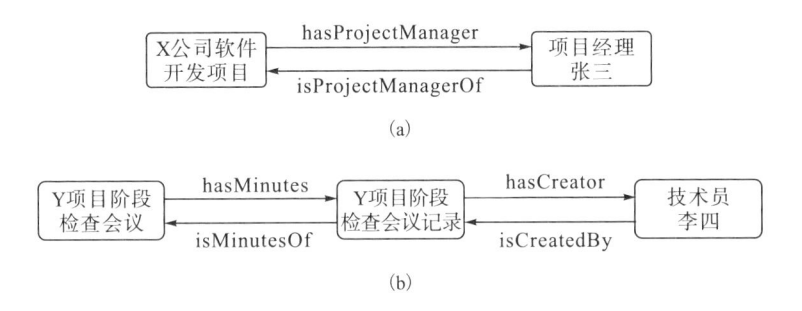

图 4-5 属性示例

图中采用了直线箭头连接个体，根据呈现关系多少及从美观的角度考虑，也可以采用曲线箭头

本书中用箭线及文字来表示属性，其中，文字描述属性的名称，箭线表示属性描述的二元关系的方向，即从箭尾个体到箭头个体有某个关系存在。严格地讲，图中把两个个体联系起来的箭线及文字表示的应该是"属性的实例"，为了描述的简洁，本书都简称为"属性"。在有的表示语言中也采用槽(slot)、规则(rule)、特性(attribute)来表示本书中属性所代表的二元关系。

另外，尽管 OWL 中没有对属性命名的强制规则，但是大部分开发人员都习惯采用如下规则对属性命名：①第一个单词小写；②后续单词的第一个字母大写；③不用空格；④通常用"has"或"is"开头，表示是或具备某种关系。这种表示方法可以把属性和类明确区分开，简洁明了，被广泛采用。因此，本书所设计的项目知识表示方法也采用这样的规则对属性进行命名。

2. 属性的类别

整体来讲，本书所设计的项目知识表示方法中包含三种不同的属性，即对象属性(object properties)、数据属性(data properties)和注释属性(annotation properties)。

1) 对象属性

对象属性可以把两个个体联系起来。和类定义中的"owl:Thing"和"owl:Nothing"类似，OWL2 也预先定义了两种对象属性[298]："owl:topObjectProperty"可以连接所有可能成对的两个个体，即表示最上层的对象属性；"owl:bottomObjectProperty"不能连接任何成对的两个个体，即表示最底层的对象属性。前面图 4-5 中所示的关系都属于对象属性。

对象属性可以用公理的形式表示。例如，对象属性 isPartnerOf 表示两个个体之间的搭档关系，如图 4-6 和式(4-17)中所示：

$$ObjectPropertyAssertion（a:isPartnerOf\ a:Sam\ a:Mike） \quad (4-17)$$

即对象属性断言，Sam 是 Mike 的 Partner。其中"ObjectPropertyAssertion"对象属性断言用于声明某个个体被一个对象表达式连接向另一个个体。

图 4-6　对象属性示例

2) 数据属性

数据属性把个体和字面值(literals，文字或数值)关联起来。严格来讲，字面值也是一种个体，只是比较特别。有的文档也把数据属性称为"特性"(attributes)。类似对象属性，在 OWL2 中，数据属性也有两个预先定义的属性[298]："owl:topDataProperty"表示所有可能的个体和所有字面值之间的联系；"owl:bottomDataProperty"表示个体和字面值之间没有联系。

数据属性也可以用公理的形式表示。例如，数据属性 hasStartDate(有开始日期)可以把一个具体的日期和某个项目或任务关联起来，如图 4-7 所示，其关系可以表示为

$$DataPropertyAssertion（a:hasStartDate\ a:SoftwareDevProject\ "2018-01-01"） \quad (4-18)$$

即表示某软件开发项目的开始日期是 2018 年 1 月 1 日。其中"DataPropertyAssertion"数据属性断言用于声明某个个体被一个数据属性表达式连接向一个字面值。

图 4-7　数据属性示例

本书采用虚线圆角矩形来表示字面值(文字或数值)，以便和一般的个体区分开

3) 注释属性

注释属性用于给类、个体以及对象和数据属性提供注释信息，也可以称它为本体的元数据 (metadata)。OWL2 中有几种事先定义好的注释属性[298]，它们可用于对类、属性以及个体做注释。

(1) "owl:versionInfo" 用于描述当前版本，"owl:priorVersion" 用于记录以前的版本。

(2) "rdfs:label" 用于为本体中的各种元素提供可读的标签。

(3) "rdfs:comment" 用于为本体中的各种元素提供人们可读的批注。

(4) "rdfs:seeAlso" 用于提供相关的其他资源，通常为 URI 链接形式。

(5) "rdfs:isDefinedBy" 用于提供一系列的 URI 引用。

注释属性也可以用断言的形式表示，如式(4-19)所示：

AnnotationAssertion(rdfs:comment a:hasStartDate

"The Start Date of a project or task.")   (4-19)

式(4-19)说明 hasStartDate 属性的含义是某个项目或者任务的开始日期。一旦定义好这个注释，就可以通过支持 OWL 的处理工具在软件操作界面中显示该注释。

此外，由于注释属性主要用于提供附加信息，很少涉及属性间的关系逻辑判断与计算，下文中主要讨论对象属性和数据属性。

3. 属性的基本特征

在 OWL2 中，属性从本质上讲也是一种类，有一些和类相似的特征，也具备一些属性所特有的基本特征。本书所设计的项目知识表示方法涉及的属性的基本特征分列如下。

1) 子属性

(1) 对象属性的子属性。对象属性之间、数据属性之间是可以有层次关系的。基本的对象子属性 (subproperties) 关系可以用公理来表示，如式(4-20)所示[298]：

SubObjectPropertyOf(axAs subOPE superOPE)   (4-20)

其中，"axAs" 是公理注释 (axiomAnnotations) 的缩写；"OPE" 是对象属性表达式 (object property expression) 的缩写。

式(4-20)表示 subOPE 是 superOPE 的子属性。由此，如果个体 A 和个体 B 之间存在属性 subOPE，那么它们之间也存在属性 superOPE，如式(4-21)～式(4-23)所示：

SubObjectPropertyOf(a:hasJavaProgrammer a:hasProjectTechnician) (4-21)

ObjectPropertyAssertion(a:hasJavaProgrammer a:SoftwareDevProject a:Mike) (4-22)

ObjectPropertyAssertion（a:hasProjectTechnician a:SoftwareDevProject a:Mike） (4-23)

式(4-21)表示 a:hasJavaProgrammer(有 Java 程序员)是 a:hasProjectTechnician(有项目技术人员)的子属性，即一个项目或任务有 Java 程序员就表示有项目技术员；式(4-22)表示声明 Mike 是软件开发项目的 Java 程序员；根据式(4-21)和式(4-22)即可推出式(4-23)，即 Mike 也是软件开发项目的项目技术员。

(2)数据属性的子属性。基本的数据子属性关系可以用公理来表示，如式(4-24)所示[298]：

$$\text{SubDataPropertyOf（axAs subDPE superDPE）} \qquad (4\text{-}24)$$

其中，"DPE"是数据属性表达式(data property expression)的缩写。

式(4-24)表示 subDPE 是 superDPE 的子属性。由此，如果个体 A 和一个值 B 之间存在属性 subDPE，那么它们之间也存在属性 superDPE，如式(4-25)～式(4-27)所示：

$$\text{SubDataPropertyOf（a:hasProjectLocationCity a:hasProjectLocation）} \qquad (4\text{-}25)$$

DataPropertyAssertion（a:hasProjectLocationCity

$$\text{a:SoftwareDevProject "Chengdu"）} \qquad (4\text{-}26)$$

DataPropertyAssertion（a:hasProjectLocation a:SoftwareDevProject "Chengdu"）

(4-27)

式(4-25)表示 hasProjectLocationCity(有项目所在城市)是 hasProjectLocation(有项目所在位置)的子属性，即项目所在城市的值是项目所在位置的值的一部分；式(4-26)表示声明 Chengdu 是软件开发项目的所在城市；根据式(4-25)和式(4-26)即可推出式(4-27)，即 Chengdu 也是软件开发项目的项目所在位置。

2)属性的作用域

属性的作用域(property domain)声明了该属性可以作用在哪些类的实例上。

(1)对象属性的作用域。对象属性的作用域声明如式(4-28)所示[298]：

$$\text{ObjectPropertyDomain（axAs OPE CE）} \qquad (4\text{-}28)$$

式(4-28)表示 OPE 的作用域是 CE，即如果一个个体 A 采用属性 OPE 与其他个体相连，那么 A 必须是 CE 的一个实例。例如，式(4-29)表示每个具有 hasEquipment(有设备)属性的个体都必须是 ProjectTask(项目任务)的一个实例；式(4-30)声明软件开发任务 SoftwareDevTask 具有设备——1 台计算机：

$$\text{ObjectPropertyDomain（a:hasEquipment a:ProjectTask）} \qquad (4\text{-}29)$$

ObjectPropertyAssertion（a:hasEquipment a:SoftwareDevTask a:Computer） (4-30)

根据式(4-29)和式(4-30)可以推理得到式(4-31)：

$$\text{ClassAssertion（a:ProjectTask a:SoftwareDevTask）} \qquad (4\text{-}31)$$

即可以断言软件开发任务 SoftwareDevTask 是一个项目任务 ProjectTask。

其中，"ClassAssertion"类断言用于声明一个个体是某特定类的一个实例。

(2)数据属性的作用域。数据属性的作用域声明如式(4-32)所示[298]：

$$\text{DataPropertyDomain}(\ axAs\ DPE\ CE\ ) \quad (4\text{-}32)$$

式(4-32)表示 DPE 的作用域是 CE，即如果一个个体 A 有属性 DPE 与其他字符或数值相连，那么 A 必须是 CE 的一个实例。例如，式(4-33)表示每个具有 hasDuration(有工期)属性的个体都必须是项目任务 ProjectTask 的一个实例；式(4-34)声明软件开发任务 SoftwareDevTask 需要 10 周的工期：

$$\text{DataPropertyDomain}(\ a{:}hasDuration\ a{:}ProjectTask\ ) \quad (4\text{-}33)$$

$$\text{DataPropertyAssertion}(\ a{:}hasDuration\ a{:}SoftwareDevTask\ "10\ weeks")\ (4\text{-}34)$$

根据式(4-33)和式(4-34)也可以推理得到式(4-31)，即软件开发任务 SoftwareDevTask 是项目任务 ProjectTask 的一个实例。

3)属性的取值范围

简单来讲，如果把属性看成是连接两个个体的关系的有向箭线(如前面的图 4-5 所示)，那么属性的作用域就是箭线的起点(即箭尾)，属性的取值范围(property range)就是箭线的终点(即箭头指向的个体或值)。

(1)对象属性的取值范围。对象属性的取值范围声明如式(4-35)所示[298]：

$$\text{ObjectPropertyRange}(\ axAs\ OPE\ CE\ ) \quad (4\text{-}35)$$

式(4-35)表示 OPE 的取值范围是 CE，即如果一个个体 A 被其他个体采用属性 OPE 与之相连(即箭头指向 A)，那么 A 必须是 CE 的一个实例。例如，式(4-36)表示每个 hasHumanResource(有人力资源)属性所指向的个体都必须是项目人员 ProjectMember 的一个实例；式(4-37)声明软件开发任务 SoftwareDevTask 具有 1 个人力资源——Tom：

$$\text{ObjectPropertyRange}(\ a{:}hasHumanResource\ a{:}ProjectMember\ ) \quad (4\text{-}36)$$

$$\text{ObjectPropertyAssertion}(\ a{:}hasHumanResource\ a{:}SoftwareDevTask\ a{:}Tom\ )\ (4\text{-}37)$$

根据式(4-36)和式(4-37)可以推理得到式(4-38)：

$$\text{ClassAssertion}(\ a{:}ProjectMember\ a{:}Tom\ ) \quad (4\text{-}38)$$

即可以断言 Tom 是项目人员之一。

(2)数据属性的取值范围。数据属性的取值范围声明如式(4-39)所示[298]：

$$\text{DataPropertyRange}(\ axAs\ DPE\ DR\ ) \quad (4\text{-}39)$$

其中，"DR"是数据取值范围(data range)的缩写。

式(4-39)表示数据属性 DPE 的取值范围是 DR，即如果个体 A 有数据属性 DPE，取值为 X，那么 X 的值必须在 DR 范围内。例如，式(4-40)表示 hasName(有名字)数据属性的取值范围为字符串，式(4-41)声明 Tom 的名字是"Tom Johnson"字符串。

$$\text{DataPropertyRange}(\ a{:}hasName\ xsd{:}string\ ) \quad (4\text{-}40)$$

$$\text{DataPropertyAssertion}(a:hasName\ a:Tom\ "Tom\ Johnson") \qquad (4\text{-}41)$$

4) 不相交的属性

不相交的属性(disjoint properties)特征可以避免对象以及数值的关系出现逻辑混乱。

(1) 不相交的对象属性。式(4-42)声明所有的对象属性 $OPE_i(1 \leqslant i \leqslant n)$ 彼此两两不相交[298]，即如果个体 A 和个体 B 之间以对象属性 OPE_i 连接，就不能再以 $OPE_j(i \neq j,\ 1 \leqslant j \leqslant n)$ 连接。

$$\text{DisjointObjectProperties}(\text{axAs}\ OPE_1 \dots OPE_n) \qquad (4\text{-}42)$$

例如，式(4-43)声明了 hasTeamLeader(有组长)和 hasTeamMember(有组员)是两个不相交的对象属性，式(4-44)陈述了 Mike 是设计组的组长，式(4-45)陈述了 Tom 是设计组的组员。

$$\text{DisjointObjectProperties}(a:hasTeamLeader\ a:hasTeamMember) \qquad (4\text{-}43)$$
$$\text{ObjectPropertyAssertion}(a:hasTeamLeader\ a:DesignTeam\ a:Mike) \qquad (4\text{-}44)$$
$$\text{ObjectPropertyAssertion}(a:hasTeamMember\ a:DesignTeam\ a:Tom) \qquad (4\text{-}45)$$

上述各式满足了对象属性不相交的要求，那么，如果式(4-46)再陈述 Mike 是设计组的组员，就会产生逻辑上的错误。

$$\text{ObjectPropertyAssertion}(a:hasTeamMember\ a:DesignTeam\ a:Mike) \qquad (4\text{-}46)$$

(2) 不相交的数据属性。式(4-47)声明所有的数据属性 $DPE_i(1 \leqslant i \leqslant n)$ 彼此两两不相交[298]，即如果个体 A 以数据属性 DPE_i 连接值 X，就不能再以数据属性 $DPE_j(i \neq j,\ 1 \leqslant j \leqslant n)$ 连接值 X。

$$\text{DisjointDataProperties}(\text{axAs}\ DPE_1 \ \cdots \ DPE_n) \qquad (4\text{-}47)$$

例如，式(4-48)声明 hasTeamName(有小组名称)和 hasWorkplace(有工作地点)的取值应该是不同的，那么当式(4-49)把设计组的工作地点确定为"Chengdu"后，式(4-50)再把设计组的名称设为"Chengdu"就会构成逻辑错误。

$$\text{DisjointDataProperties}(a:hasTeamName\ a:hasWorkplace) \qquad (4\text{-}48)$$
$$\text{DataPropertyAssertion}(a:hasWorkplace\ a:DesignTeam\ "Chengdu") \qquad (4\text{-}49)$$
$$\text{DataPropertyAssertion}(a:hasTeamName\ a:DesignTeam\ "Chengdu") \qquad (4\text{-}50)$$

5) 功能型的属性

一个对象属性或者数据属性可以是功能型的(functional properties)，用于描述个体的特征，也称为单值属性(single valued properties)[298]。

(1) 功能型的对象属性。式(4-51)声明对象属性 OPE 是功能型的属性[298]，即对个体 A 来说，只能有一个独立的(distinct)个体 B 被 OPE 与 A 连接。

$$\text{FunctionalObjectProperty}(\text{axAs}\ OPE) \qquad (4\text{-}51)$$

功能型属性能帮助判断一些同义不同名的对象。例如，式(4-52)声明了

hasProjectManager(有项目经理)这个对象属性是功能型的,即其所属的每个对象只能有一个项目经理。

$$\text{FunctionalObjectProperty}(\text{a:hasProjectManager}) \tag{4-52}$$

$$\text{ObjectPropertyAssertion}(\text{a:hasProjectManager a:SoftwareDevProject a:Jack}) \tag{4-53}$$

$$\text{ObjectPropertyAssertion}(\text{a:hasProjectManager a:SoftwareDevProject a:Jack\_King}) \tag{4-54}$$

式(4-53)声明开发项目的项目经理是 Jack,式(4-54)又声明了开发项目的项目经理是 Jack_King,那么,由于 hasProjectManager 只能从 SoftwareDevProject 指向一个独立的个体,因此,可以判断 Jack 和 Jack_King 是同一个人,即可以得到式(4-55):

$$\text{SameIndividual}(\text{a:Jack a:Jack\_King}) \tag{4-55}$$

式(4-54)没有产生逻辑错误,是由于 OWL2 规范中并没有要求进行唯一名称(unique name)的设定[298],因此,Jack 和 Jack_King 并不需要是彼此独立的个体,除非做了式(4-56)的设定,才会认为式(4-53)和式(4-54)存在逻辑冲突。

$$\text{DifferentIndividuals}(\text{a:Jack a:Jack\_King}) \tag{4-56}$$

(2)功能型的数据属性。式(4-57)声明数据属性 DPE 是功能型的属性[298],简单来讲就是个体 A 的数据属性 DPE 只能连接到一个独立的值。

$$\text{FunctionalDataProperty}(\text{axAs DPE}) \tag{4-57}$$

例如,式(4-58)声明了 hasDuration(有工期)数据属性是功能型的,即工期只能有一个确定的值。那么,如果式(4-59)设置软件开发任务 SoftwareDevTask 的工期为 2 个月就会和前面的式(4-34)所定义的 10 周工期产生逻辑冲突。

$$\text{FunctionalDataProperty}(\text{a:hasDuration}) \tag{4-58}$$

$$\text{DataPropertyAssertion}(\text{a:hasDuration a:SoftwareDevTask "2 months"}) \tag{4-59}$$

6)相等的属性

有的时候,为了表述的方便或侧重点不同,两个或多个属性的名称可能会不一样,但是其含义可能相同,即相等的属性(equivalent properties)。

(1)相等的对象属性。式(4-60)表示所有的对象属性 $OPE_i(1 \leqslant i \leqslant n)$ 从语义上是彼此相等的,即任何一个 OPE_i 被 $OPE_j(1 \leqslant j \leqslant n$ 且 $j \neq i)$ 所取代并不会影响其所在本体所表达的意思[298]。

$$\text{EquivalentObjectProperties}(\text{axAs } OPE_1 \dots OPE_n) \tag{4-60}$$

例如,对于项目小组具有组长/负责人,可能的属性关系为 hasTeamManager,也可能为 hasTeamLeader,式(4-61)表示二者的实质含义是一样的。

$$\text{EquivalentObjectProperties}(\text{a:hasTeamManager a:hasTeamLeader}) \tag{4-61}$$

(2)相等的数据属性。式(4-62)表示从语义上来讲,所有的数据属性 DPE_i(1

$\leqslant i \leqslant n$)是彼此相等的,即任何一个 DPE_i 都可以被 DPE_j($1\leqslant j\leqslant n$ 且 $j\neq i$)所取代而不会影响包含其的本体所表示的含义[298]。

$$\text{EquivalentDataProperties}(\text{axAs } DPE_1 \ldots DPE_n) \tag{4-62}$$

例如,项目小组的组长/负责人的头衔是由数据属性 hasTitle 指定,项目小组长的职位由数据属性 hasPosition 指定,对于某些项目,二者的值是等同的,则可采用式(4-63)来说明表示二者的实质含义是一样的。

$$\text{EquivalentDataProperties}(\text{a:hasTitle a:hasPosition}) \tag{4-63}$$

当然,需要注意的是,在设计本体时应该尽量避免使用多个属性表达同一关系的情况,否则容易导致理解混淆。

4. 对象属性的其他特征

相对数据属性和注释属性,对象属性具备更多的特征。本书所设计的项目知识表示方法涉及的对象属性的其他特征分列如下。

1) 倒转对象属性

每个对象属性都可能有一个对应的倒转属性(inverse object properties)[298],即如果有对象属性 X 从个体 A 出发把个体 B 连接起来,另一个属性 Y 从个体 B 出发把个体 A 连接起来,那么可以称属性 Y 是属性 X 的倒转属性。

例如,对于前述式(4-53)的倒转属性可以表示为如图 4-8 所示,即开发项目有一个项目经理是 Jack,那么倒过来也可以讲,Jack 是开发项目的项目经理,其对应的关系如式(4-64)所示。

图 4-8 倒转属性示例

$$\text{ObjectPropertyAssertion}(\text{a:isProjectManagerOf a:Jack a:SoftwareDevProject}) \tag{4-64}$$

一个倒转属性可以通过式(4-65)来说明[298],即 OPE_1 是 OPE_2 的倒转属性。那么图 4-8 中的关系可以表示为式(4-66)。

$$\text{InverseObjectProperties}(\text{axAs } OPE_1 \text{ } OPE_2) \tag{4-65}$$

$$\text{InverseObjectProperties}(\text{a:isProjectManagerOf a:hasProjectManager}) \tag{4-66}$$

此外,功能型对象属性也可以具备倒转属性,即倒转的功能型对象属性(inverse-functional object properties),如式(4-67)所示[298],其倒转后仍然要满足功能型的要求,即对于个体 A 只能有一个个体 B 被 OPE 和 A 连接。

$$\text{InverseFunctionalObjectProperty}(\text{axAs OPE}) \tag{4-67}$$

第 4 章　项目知识情境的表示方法研究　　　　　　　　　　　　　　　　　　　　　81

例如，式(4-68)表示每个项目只有一个项目经理对象。

$$\text{InverseFunctionalObjectProperty}（\text{a:hasProjectManager}） \quad (4-68)$$

2) 反身对象属性

如果一个个体 A 可以通过对象属性 OPE 连接它自己，那么就把该 OPE 称为反身对象属性(reflexive object properties)。可以通过式(4-69)来定义反身对象属性[298]：

$$\text{ReflexiveObjectProperty}（\text{axAs OPE}） \quad (4-69)$$

比较典型的反身对象属性如下所示：

$$\text{ReflexiveObjectProperty}（\text{a:knows}） \quad (4-70)$$

$$\text{ClassAssertion}（\text{a:ProjectManager a:Jack}） \quad (4-71)$$

$$\text{ObjectPropertyAssertion}（\text{a:knows a:Jack a:Jack}） \quad (4-72)$$

式(4-70)定义了一个反身对象属性 knows，式(4-71)定义了 Jack 是一个项目经理，式(4-72)声明 Jack 了解 Jack 自己，如图 4-9 所示。

图 4-9　反身对象属性示例

3) 非反身对象属性

和前面的反身对象属性相反，如果没有个体可以通过 OPE 连接它自己，那么就可以称该属性为非反身对象属性(irreflexive object properties)。可以通过式(4-73)来定义非反身对象属性[298]：

$$\text{IrreflexiveObjectProperty}（\text{axAs OPE}） \quad (4-73)$$

在实际应用中，大部分的对象属性都属于非反身对象属性。在声明对象属性的非反身特征后，再使用该属性连接个体自身，就会产生逻辑错误。例如，式(4-74)声明 hasSuperiorLeader(有上级领导)是一个非反身对象属性，即自己不能做自己的上级领导，那么式(4-75)让 Jack 的上级领导是 Jack 自己，就产生了逻辑错误。

$$\text{IrreflexiveObjectProperty}（\text{a:hasSuperiorLeader}） \quad (4-74)$$

$$\text{ObjectPropertyAssertion}（\text{a:hasSuperiorLeader a:Jack a:Jack}） \quad (4-75)$$

4) 对称对象属性

如果一个个体 A 通过对象属性 OPE 连接个体 B，同时，个体 B 也可以通过同一对象属性 OPE 连接个体 A，那么就称该对象属性 OPE 是对称对象属性(symmetric object properties)。可以使用式(4-76)来定义对称对象属性[298]：

$$\text{SymmetricObjectProperty}（\text{axAs OPE}） \quad (4-76)$$

例如，式(4-77)定义了 hasPartner(有搭档)是对称的对象属性，式(4-78)声明

Tom 有合作伙伴 Jerry，那么根据 hasPartner 的对称特征，即使不做定义也可以推理得到式(4-79)，即 Jerry 的搭档是 Tom，如图 4-10 所示。因此，对称对象属性的使用可以简化本体中的关系定义语句。

$$\text{SymmetricObjectProperty}（\text{a:hasPartner}） \quad (4\text{-}77)$$

$$\text{ObjectPropertyAssertion}（\text{a:hasPartner a:Tom a:Jerry}） \quad (4\text{-}78)$$

$$\text{ObjectPropertyAssertion}（\text{a:hasPartner a:Jerry a:Tom}） \quad (4\text{-}79)$$

图 4-10　对称对象属性示例

5) 非对称对象属性

与对称对象属性相反，如果一个个体 A 可以通过对象属性 OPE 连接个体 B，然而，个体 B 并不可以通过同一对象属性 OPE 连接个体 A，那么就称该对象属性 OPE 是非对称对象属性(asymmetric object properties)。可以采用式(4-80)来定义非对称对象属性[298]：

$$\text{AsymmetricObjectProperty}（\text{axAs OPE}） \quad (4\text{-}80)$$

实际应用中，很多的对象属性都是非对称的。例如，式(4-81)定义 hasSuperiorLeader(有上级领导)为非对称对象属性，式(4-82)指定 Tom 的上级领导是 Mike，那么如果再采用式(4-83)指定 Mike 的上级领导是 Tom，就会产生逻辑错误。

$$\text{AsymmetricObjectProperty}（\text{a:hasSuperiorLeader}） \quad (4\text{-}81)$$

$$\text{ObjectPropertyAssertion}（\text{a:hasSuperiorLeader a:Tom a:Mike}） \quad (4\text{-}82)$$

$$\text{ObjectPropertyAssertion}（\text{a:hasSuperiorLeader a:Mike a:Tom}） \quad (4\text{-}83)$$

6) 可传递对象属性

如果一个对象属性 OPE 是可传递的对象属性(transitive object properties)，那么当个体 A 有对象属性 OPE 连接向个体 B，而个体 B 又有 OPE 连接向个体 C 时，则个体 A 也可以由同一对象属性 OPE 连接向个体 C。可以通过式(4-84)来定义一个可传递的对象属性[298]：

$$\text{TransitiveObjectProperty}（\text{axAs OPE}） \quad (4\text{-}84)$$

在项目管理中有很多可传递的对象属性。例如，式(4-85)定义 hasPredecessor(有前置任务)是可传递的对象属性，式(4-86)指定任务 B 是任务 A 的前置任务，式(4-87)指定任务 C 是任务 B 的前置任务，那么根据对象属性的可传递特征，可以推断出式(4-88)，即任务 C 也是任务 A 的前置任务，如图 4-11 所示。

$$\text{TransitiveObjectProperty}（\text{a:hasPredecessor}） \quad (4\text{-}85)$$

$$\text{ObjectPropertyAssertion}（\text{a:hasPredecessor a:TaskA a:TaskB}） \quad (4\text{-}86)$$

ObjectPropertyAssertion（a:hasPredecessor a:TaskB a:TaskC） (4-87)
ObjectPropertyAssertion（a:hasPredecessor a:TaskA a:TaskC） (4-88)

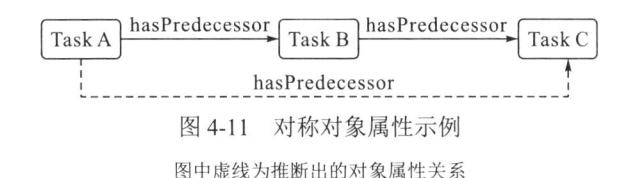

图 4-11　对称对象属性示例

图中虚线为推断出的对象属性关系

4.3.4　约束

一个类中可以包含若干个个体，这些个体之所以属于这个类是由于它们都具备某些属性关系特征。对个体、类及其属性的关系特征的描述就称为"约束"（restriction，或称"限制条件"）。在项目本体中，有很多约束存在，如项目任务类中的所有个体有且只有一个 hasStartTime 属性，项目成员需要参与一个或多个项目任务，项目里程碑任务的工期往往为零，等等。

一个约束也可以视为对一个匿名类(anonymous class or unnamed class)的描述，这个类包含了满足该约束条件的所有个体。因此，通过使用约束，可以限制一个类所涵盖的个体范围，从而可以更准确地表示个体、类和属性的具体内涵。

根据 OWL2，本书主要采用四种类型的约束：量化约束(quantifier restriction)、基数约束(cardinality restriction)、取值约束(value restriction)和自我约束(self-restriction)。

1. 量化约束

量化约束用于对对象属性或数据属性的量进行约束，从而更好地描述类及其属性。

1) 对象属性的量化约束

针对对象属性常用的量化约束有以下两种。

(1) 对象属性的存在量化。采用"ObjectSomeValuesFrom"来表示对象属性的存在量化(existential quantification)关系，如式(4-89)所示[298]。该约束包含了某些个体，它们被对象属性 OPE 连接到类 CE 的至少一个实例，也可以说，与这些个体之间存在对象属性 OPE 关系的实例有些来自类 CE。

ObjectSomeValuesFrom（OPE CE） (4-89)
ClassAssertion（a:TeamMember a:Jerry） (4-90)
ObjectSomeValuesFrom（a:hasPartner a:TeamMember） (4-91)

例如，式(4-90)声明了 Jerry 是 TeamMember 类的一个实例，式(4-91)表示某些具备 hasPartner 属性的个体，被 hasPartner 属性连向了 TeamMember 的一些实例。前述式(4-78)中，Tom 被 hasPartner 属性连向了 Jerry，正是式(4-91)的一个表现。

(2)对象属性的全称量化。采用"ObjectAllValuesFrom"来表示对象属性全称量化(universal quantification)关系，如式(4-92)所示[298]。该约束包含了某些个体，对象属性 OPE 只能把它们连接到类 CE 的实例，也可以说，与这些个体之间存在对象属性 OPE 关系的实例都是来自类 CE。

$$\text{ObjectAllValuesFrom}(\text{OPE CE}) \tag{4-92}$$

$$\text{ObjectAllValuesFrom}(\text{a:hasPredecessor a:Task}) \tag{4-93}$$

式(4-93)表示所有具有 hasPredecessor 属性的个体，只能通过 hasPredecessor 属性连向 Task 类的实例。前述式(4-86)～式(4-88)中，被 hasPredecessor 属性所连向的 TaskA、TaskB、TaskC 都是 Task 类的实例。

2)数据属性的量化约束

针对数据属性常用的量化约束有以下两种。

(1)数据属性的存在量化。采用"DataSomeValuesFrom"类表达式来表示数据属性的存在量化约束，如式(4-94)所示[298]。其中 DR 表示数据范围(data range)，是一个包含 n 个字面值(literal) $\text{lt}_i(1 \leqslant i \leqslant n)$ 的元组，即 $(\text{lt}_1, \cdots, \text{lt}_n)$。该约束包含了那些个体，它们被数据属性表达式 $\text{DPE}_i(1 \leqslant i \leqslant n)$ 连接向至少一个在所给定的数据范围 DR 中的值。

$$\text{DataSomeValuesFrom}(\text{DPE}_1 \cdots \text{DPE}_n \text{ DR}) \tag{4-94}$$

$$\text{DataSomeValuesFrom}(\text{a:hasWorkingYears DatatypeRestriction}$$
$$(\text{xsd:integer xsd:maxExclusive "40"\^\^xsd:integer})) \tag{4-95}$$

$$\text{DataPropertyAssertion}(\text{a:hasWorkingYears a:Tom "20"\^\^xsd:integer}) \tag{4-96}$$

例如，式(4-95)包含了被 hasWorkingYears 属性所连接向一个小于 40 的整数的那些个体，式(4-96)声明 Tom 有 20 年的工龄了，则 Tom 是式(4-95)的一个实例。

(2)数据属性的全称量化。采用"DataAllValuesFrom"类表达式来表示数据属性的全称量化约束，如式(4-97)所示[298]。同上，DR 表示数据范围，是一个包含 n 个字面值 $\text{lt}_i(1 \leqslant i \leqslant n)$ 的元组，即 $(\text{lt}_1, \cdots, \text{lt}_n)$。该约束包含了那些个体，它们被数据属性表达式 $\text{DPE}_i(1 \leqslant i \leqslant n)$ 只连接向给定的数据范围 DR 中的值，即只能取 DR 中的值。

$$\text{DataAllValuesFrom}(\text{DPE}_1 \cdots \text{DPE}_n \text{ DR}) \tag{4-97}$$

$$\text{FunctionalDataProperty}(\text{a:hasWorkingYears}) \tag{4-98}$$

$$\text{DataAllValuesFrom}(\text{a:hasWorkingYears xsd:integer}) \tag{4-99}$$

针对前式(4-96)的声明，式(4-98)规定每个对象有且只能有一个工龄数据，式(4-99)则规定了工龄必须连接向整数值。

2. 基数约束

1) 对象属性的基数约束

对象属性的基数约束主要用来表示被该对象属性表达式所连接的个体至少、最多、恰好有给定数值个数的特定类的实例。

(1) 对象属性的最小基数。采用"ObjectMinCardinality"表达式来说明对象属性的最小基数(minimum cardinality)，如式(4-100)所示[298]，其中 n 表示一个正整数。受该式约束那些个体被对象属性表达式 OPE 连接向至少 n 个类 CE 的不同实体。

$$ObjectMinCardinality(n\ OPE\ CE) \qquad (4\text{-}100)$$

例如，从前面的式(4-45)、式(4-78)和式(4-90)可以知道 Tom 和 Jerry 都是设计组的组员，然后通过式(4-101)声明了 Tom 和 Jerry 是两个不同的个体。由此，可以得到式(4-102)，它代表被 hasTeamMember 属性连接向至少 2 个不同的 TeamMember 实例的那些个体，即 Teams，其隐含意思是要成为一个组就必须要有至少两个组员

$$DifferentIndividuals(a{:}Tom\ a{:}Jerry) \qquad (4\text{-}101)$$

$$ObjectMinCardinality(2\ a{:}hasTeamMember\ a{:}TeamMember) \qquad (4\text{-}102)$$

(2) 对象属性的最大基数。采用"ObjectMaxCardinality"表达式来说明对象属性的最大基数(maximum cardinality)，如式(4-103)所示[298]，其中 n 表示一个正整数。和式(4-100)相对应，受该式约束那些个体被对象属性表达式 OPE 连接向最多 n 个类 CE 的不同实体。

$$ObjectMaxCardinality(n\ OPE\ CE) \qquad (4\text{-}103)$$

例如，设计组最多可以有 10 名组员，就可以用式(4-104)来声明表示。

$$ClassAssertion(ObjectMaxCardinality(10\ a{:}\ hasTeamMember\ a{:}DesignTeam)) \qquad (4\text{-}104)$$

(3) 对象属性的确定基数。采用"ObjectExactCardinality"表达式来说明对象属性的确定基数(exact cardinality)，如式(4-105)所示[298]，其中 n 表示一个正整数。和式(4-100)、式(4-103)相对应，受该式约束那些个体被对象属性表达式 OPE 连接向确定的 n 个类 CE 的不同实体。由此，式(4-106)表示个体被 hasTeamLeader 属性连接向 Person 的一个实例，即一个团队只有一个领导。

$$ObjectExactCardinality(n\ OPE\ CE) \qquad (4\text{-}105)$$

$$ObjectExactCardinality(1\ a{:}hasTeamLeader\ a{:}Person) \qquad (4\text{-}106)$$

2) 数据属性的基数约束

数据属性的基数约束和对象属性的基数约束很相似，也分为最小、最大、确定三种类型。

(1)数据属性的最小基数。采用"DataMinCardinality"表达式来说明数据属性的最小基数,如式(4-107)所示[298],其中 n 表示一个正整数。受该式约束那些个体被数据属性表达式 DPE 连接向取值范围 DR 中的至少 n 个不同的字面值。如果该式中省略了 DR,则表示取值范围为所有的字面值,即取值为 rdfs:Literal。

$$\text{DataMinCardinality}(\,n\text{ DPE DR}\,) \tag{4-107}$$

$$\text{DataPropertyAssertion}(\,\text{a:hasTitle a:Mike "Design Team Leader"}\,) \tag{4-108}$$

$$\text{DataPropertyAssertion}(\,\text{a:hasTitle a:Mike "Senior Manager"}\,) \tag{4-109}$$

$$\text{DataMinCardinality}(\,2\text{ a:hasTitle}) \tag{4-110}$$

式(4-108)和式(4-109)分别给 Mike 赋予了不同的 Title,即设计组组长和资深经理。由此,可以得到式(4-110),个体的 hasTitle 属性可以指向不同的两个值,即一个个体可以有两个头衔。式(4-110)中省略了 DR,则不限制 hasTitle 属性所指向的值。

(2)数据属性的最大基数。采用"DataMaxCardinality"表达式来说明数据属性的最大基数,如式(4-111)所示[298],其中 n 表示一个正整数。和式(4-107)相对应,受该式约束那些个体被数据属性表达式 DPE 连接向取值范围 DR 中的最多 n 个不同的字面值。则式(4-112)表示个体的 hasTitle 属性可以最多指向 3 个不同的值,即一个个体最多可以有 3 个头衔。

$$\text{DataMaxCardinality}(\,n\text{ DPE DR}\,) \tag{4-111}$$

$$\text{DataMaxCardinality}(\,3\text{ a:hasTitle}) \tag{4-112}$$

(3)数据属性的确定基数。采用"DataExactCardinality"表达式来说明数据属性的确定基数,如式(4-113)所示[298],其中 n 表示一个正整数。和式(4-107)、式(4-111)相对应,受该式约束那些个体被数据属性表达式 DPE 连接向范围在 DR 内的确定的 n 个不同的字面值。

$$\text{DataExactCardinality}(\,n\text{ DPE DR}\,) \tag{4-113}$$

$$\text{FunctionalDataProperty}(\,\text{a:hasFullName}\,) \tag{4-114}$$

$$\text{DataExactCardinality}(\,1\text{ a:hasFullName}\,) \tag{4-115}$$

式(4-114)声明 hasFullName 数据属性是功能型的,即每个个体只能有一个确定的全名。式(4-115)表述了和式(4-114)同样的内容,即表示个体被 hasFullName 属性连接向一个确定的字面值。

3. 取值约束

针对对象和数据属性的取值约束如下。

(1)个体对象的取值约束。采用"ObjectHasValue"来表示个体对象的取值约束,如式(4-116)所示[298]。受该式约束那些个体被一个对象属性 OPE 连接向一个特定的个体。

$$\text{ObjectHasValue}(\,\text{OPE Individual}\,) \tag{4-116}$$

$$\text{ObjectHasValue}(\text{a:hasPartner a:Jerry}) \tag{4-117}$$

式(4-117)表示那些个体被前面式(4-78)中提到的 hasPartner 属性连接向一个特定的个体 Jerry，而式(4-78)中的 Tom 正是这类个体的一个实例。

(2)数据属性的字面值约束。采用"DataHasValue"来表示数据属性的字面值的取值约束，如式(4-118)所示[298]。受该式约束那些个体被数据属性表达式 DPE 连接向一个特定的字面值 lt。针对式(4-96)，可以得到式(4-119)，即受式(4-119)约束那些个体工龄为 20 年，式(4-96)中的 Tom 就是这种个体的一个实例。

$$\text{DataHasValue}(\text{DPE lt}) \tag{4-118}$$

$$\text{DataHasValue}(\text{a:hasWorkingYears ``20''\^{}\^{}xsd:integer}) \tag{4-119}$$

4. 自我约束

在前文中的式(4-69)中，定义了对象的反身属性，相应地，在约束中也有针对此的约束类型——自我约束，如式(4-120)所示[298]。受该式约束那些个体可以被对象属性 OPE 连接向它们自己。由此，可以得到式(4-121)，即某些个体 knows 它们自己，而式(4-72)中的 Jack 就是其中的一个实例。

$$\text{ObjectHasSelf}(\text{OPE}) \tag{4-120}$$

$$\text{ObjectHasSelf}(\text{a:knows}) \tag{4-121}$$

4.4 基于本体的项目知识情境表示框架设计

根据上节中拟制的基于本体的项目知识情境表示的基础方法，针对 3.4 节中对项目知识情境因素的划分，本节设计了一个对应的基于本体的项目知识情境表示框架来进行项目知识情境的描述。该框架分为两个部分：一个部分是对项目知识情境的基本组件的表示；另一个部分是利用这些基本组件对项目知识活动情境进行表示。

根据 4.3 节中设计的基于本体的项目知识情境表示的基础方法，本书所设计的表示框架都采用类的形式，每个项目知识情境的构成类主要包含对应的数据属性和对象属性，如式(4-122)所示：

$$\text{Class}_{\text{PKC}} = \begin{cases} \text{DataProperties} \\ \text{ObjectProperties} \end{cases} \tag{4-122}$$

注释属性主要用于提供说明，可以在实际应用中根据需求添加，因此，为简化起见，在本节设计的方法中暂不考虑。此外，根据类的内容特定，个别的基础类只有数据属性，没有对象属性，如后面的表 4-1 所示。

4.4.1 基于本体的项目知识情境的基本组件表示

项目知识情境的基本组件分为两种：一种是在所有项目知识活动中都会出现的组件，称为共享组件；另一种是在多个项目知识活动中出现的组件，也是项目知识活动的主体，称为主体组件。由此，可以把上述式(4-122)进一步表示为如式(4-123)所示：

$$\text{Class}_{PKC} = \begin{cases} \text{DataProperties} \\ \text{ObjectProperties\_Share} \\ \text{ObjectProperties\_Subject} \end{cases} \quad (4\text{-}123)$$

在式(4-123)中，项目知识产生/获取情境类由数据属性和对象属性构成，其中对象属性根据其包含的对象内容，又被分为共享组件属性和主体组件属性两个部分。

1. 项目知识情境中的共享组件表示

项目知识情境中的共享组件主要包括各类知识活动发生的时间、位置、所涉及的项目知识以及所在的项目组织，它们出现在各个项目知识活动及其活动主体中。本书把这些项目知识情境中的共享组件用类的形式来表示，分别如表4-1～表4-4所示。

表4-1 TimeValue 类

数据属性		
属性	类型	说明
hasDateTime	dateTime	日期与时间
hasTimeZone	dateTimeStamp	时区
isWeekday	string	一周中的星期几
……	……	……

注：表中并未列举完各层各级子因素，具体的数据或对象属性内容可以根据实际需求进行增加或减少设定，因此剩余的内容以省略号代替，本章其余表同此

需要说明的是在表4-1以及后面的表的表名中采用了英文，这是由于这些类将成为其他类的某些对象属性的数据类型，出现在它们对象属性说明的"关联类"列中。如表4-2中对象属性的关联类中的Project数据类型，对应着后面的表4-5所定义的Project类。

表 4-2 Location 类

<table>
<tr><td colspan="4" align="center">对象属性</td></tr>
<tr><td>属性</td><td>子属性</td><td>关联类</td><td>说明</td></tr>
<tr><td rowspan="2">hasOrganizationStructureLocation</td><td>isBelongToProjectOrganization</td><td>ProjectOrganization</td><td>进行项目知识活动的组织</td></tr>
<tr><td>isBelongToProjectTeam</td><td>ProjectTeam</td><td>进行项目知识活动的团队</td></tr>
<tr><td>isBelongToProject</td><td>—</td><td>Project</td><td>项目知识活动所在的项目</td></tr>
<tr><td>hasStorageLocation</td><td>hasKnowWho</td><td>ProjectMember</td><td>了解、知晓该项目知识的组织成员</td></tr>
<tr><td>……</td><td>……</td><td>……</td><td>……</td></tr>
<tr><td colspan="4" align="center">数据属性</td></tr>
<tr><td>属性</td><td>子属性</td><td>类型</td><td>说明</td></tr>
<tr><td>hasLocationID</td><td>—</td><td>string</td><td>项目知识活动的 ID</td></tr>
<tr><td rowspan="2">hasGeographicLocation</td><td>hasAddress</td><td>string</td><td>项目知识活动的地址</td></tr>
<tr><td>hasLongitudeAndLatitude</td><td>string</td><td>项目知识活动的具体经纬度位置</td></tr>
<tr><td rowspan="2">hasTaskLocation</td><td>hasProjectPhase</td><td>string</td><td>项目知识活动所处的项目阶段</td></tr>
<tr><td>hasWBS</td><td>string</td><td>项目知识活动所在的具体任务编号</td></tr>
<tr><td rowspan="2">hasStorageLocation</td><td>hasFilePath</td><td>string</td><td>电子文件或数据存放路径</td></tr>
<tr><td>hasURL</td><td>string</td><td>网络地址</td></tr>
<tr><td>……</td><td>……</td><td>……</td><td>……</td></tr>
</table>

注：1. 表格中的尚未描述的关联类将在后续的表格中给出
2. 表中对象属性和数据属性的部分分类名称相同，如"hasStorageLocation"，但是由于它们归属于不同的属性类型，因此它们实际上是不同的属性

表 4-3 描述的类表示项目知识的基本内容，包括该知识的形式、分类、内容介绍等，所有的项目知识活动都离不开该类的实体。

表 4-3 ProjectKnowledge 类

<table>
<tr><td colspan="4" align="center">数据属性</td></tr>
<tr><td>属性</td><td>子属性</td><td>类型</td><td>说明</td></tr>
<tr><td>hasProjectKnowledgeID</td><td>—</td><td>integer</td><td>项目知识的 ID</td></tr>
<tr><td>hasPKVersion</td><td>—</td><td>string</td><td>项目知识的版本号</td></tr>
<tr><td rowspan="2">hasKnowledgeForm</td><td>hasKnowledgeType</td><td>string</td><td>项目知识的类型，如 Know-What、Know-Why、Know-How、Know-Who</td></tr>
<tr><td>hasExpressionForm</td><td>string</td><td>思维、文字、数字、图画、音频、视频等</td></tr>
</table>

续表

数据属性			
属性	子属性	类型	说明
hasKnowledgeContent	hasKnowledgeDomain	string	项目知识所属的领域
	hasKnowledgeCategory	string	项目知识所属的知识分类结构
	hasKeyWords	string	项目知识涉及的关键字
	hasAbstract	string	项目知识的简单介绍
……	……	……	……

表 4-4 描述的类表示项目所在的项目组织，本书中只针对同一组织内的项目知识共享进行研究，跨组织的项目知识共享将在以后的研究中进行，因此，该类只有一个实例。

表 4-4　ProjectOrganization 类

对象属性			
属性	子属性	关联类	说明
hasOrganizationStructure	—	OrgPosition	该组织的组织结构
hasOrganizationAddress	—	Location	该组织所在的地址
hasOrganizationLeader	—	ProjectMember	该组织的负责人
……	……	……	……

数据属性			
属性	子属性	类型	说明
hasProjectOrganizationID	—	integer	项目组织的 ID
hasOrganizationInfo	hasOrganizationName	string	项目所在组织的名称
……	……	……	……

2. 项目知识情境中的主体组件表示

项目知识情境中的主体组件包括项目、项目任务、项目团队、项目成员等，它们在各个项目知识活动中承担着活动主体的角色。本书把这些项目知识情境中的主体组件也用类的形式来表示，分别如表 4-5～表 4-8 所示。

第4章 项目知识情境的表示方法研究

表 4-5 Project 类

对象属性			
属性	子属性	关联类	说明
hasProjectDescription	isBelongToProjectOrg	ProjectOrganization	项目所在的组织
	hasProjectLocation	Location	项目所在的地理位置(一个或多个)
hasProjectOrganization	hasProjectManager	ProjectMember	项目的项目经理
	hasProjectTeamStructure	ProjectTeam	项目的项目团队划分与构成
	hasPositionStructure	OrgPosition	项目中的职位及其层级关系
hasProjectStatus	hasProjectStartDate	TimeValue	项目开始运转的日期
	hasProjectFinishDate	TimeValue	项目结束的日期
hasProjectRelationship	hasProgram	Project	项目所属的项目群(上级项目)
	hasSubProject	Project	项目所包含的下级子项目
	hasProcessorProject	Project	在该项目开始前开始的项目
	hasSuccessorProject	Project	在该项目开始后或完成后开始的项目
hasProjectConstraints	hasMustStartOn	TimeValue	项目必须开始的时间
	hasMustFinishOn	TimeValue	项目必须完成的时间
	hasProjectCalendar	Calendar	项目的可用工作时间
……	……	……	……
数据属性			
属性	子属性	类型	说明
hasProjectDescription	hasProjectName	string	项目知识涉及项目的名称
	hasProjectScope	string	项目的工作内容
	hasProjectDuration	float	项目的工期(天)
	hasQualityRequirements	string	项目的质量要求
	hasProjectBudget	string	项目的成本预算要求
	hasProjectDeliverables	string	项目需要产生的整体成果描述
hasProjectOrganization	hasNumberOfProjectMembers	int	项目的项目成员人数
	hasProjectComplete	float	项目的完成情况
hasProjectStatus	hasProjectTotalSlack	float	项目的总时差
hasProjectRelationship	hasEPS	string	项目的企业项目结构(enterprise project structure)编码
……	……	……	……

表 4-6　ProjectTask 类

对象属性			
属性	子属性	关联类	说明
hasTaskDescription	taskBelongToProject	Project	项目任务所在的项目
	hasResponsibleTeam	ProjectTeam	承担该项目任务的团队
	hasResponsiblePerson	ProjectMember	项目任务的具体责任人
	hasTaskLocation	Location	执行该项目任务的具体地理位置（一个或多个）
hasTaskStatus	hasTaskStartDate	TimeValue	项目任务开始运转的日期
	hasTaskFinishDate	TimeValue	项目任务结束的日期
hasTaskResource	hasHumanResource	ProjectMember	项目任务所用到的人力资源
hasTaskRelationship	hasParentTask	ProjectTask	项目任务的上级任务，即所属的项目阶段
	hasSubTask	ProjectTask	项目任务所包含的下级任务
	hasProcessorTask	ProjectTask	在该项目任务开始前开始的工作
	hasProcessorSpecialTask	TaskRelation	具有特殊的任务关系
	hasSuccessorTask	ProjectTask	在该项目任务开始后或完成后开始的工作
hasTaskConstraints	hasTaskMustStartOn	TimeValue	项目任务必须开始的时间
	hasTaskMustFinishOn	TimeValue	项目任务必须完成的时间
	hasTaskCalendar	Calendar	项目任务的可用工作时间
……	……	……	……
数据属性			
属性	子属性	类型	说明
hasTaskDescription	hasTaskName	string	项目知识涉及的项目任务名称
	hasTaskScope	string	项目任务的工作内容
	hasTaskDuration	string	项目任务的工期
	hasTaskQualityRequirements	string	项目任务的质量要求
	hasTaskCost	float	项目任务的成本要求
	hasTaskDeliverables	string	项目任务需要产生的工作成果描述
hasTaskStatus	hasTaskComplete	float	项目任务的完成情况
	hasFreeSlack	float	项目任务的自由时差
	hasTotalSlack	float	项目任务的总时差
	hasCriticalPath	boolean	项目任务是否在关键路径上
	hasMilestone	string	项目任务的里程碑信息
hasTaskResource	hasFinancialResource	string	项目任务所用到的资金资源
	hasMaterialResource	string	项目任务所用到的物资资源，包括材料、设备、设施等
	hasInformationResource	string	项目任务所用到的信息资源，包括技术、标准、规章、制度等
hasTaskRelationship	hasTaskWBS	string	项目任务的工作分解结构编码
……	……	……	……

在表 4-6 中，为简单起见，任务涉及的物资设备、信息、资金资源都用数据属性来表示。实际应用时，可以考虑根据管理的侧重点，将某些资源调整为对象属性。

表 4-7　ProjectTeam 类

对象属性			
属性	子属性	关联类	说明
hasTeamDescription	teamBelongToProject	Project	团队所在的项目
	hasFoundDate	TimeValue	团队成立的日期
	hasDisbandingDate	TimeValue	团队解散的日期
	hasTeamLocation	Location	团队运转的地理位置(一个或多个)
hasTeamStructure	hasTeamLeader	ProjectMember	团队的负责人
	hasTeamMembers	ProjectMember	团队包含的成员
	hasTeamRoles	TeamRoles	团队包含的不同职位/功能角色及其关系
hasTeamRelationship	hasSuperTeam	ProjectTeam	该团队所属的上级团队/项目组织
	hasSubTeam	ProjectTeam	该团队所包含的下级子团队
……	……	……	……
数据属性			
属性	子属性	类型	说明
hasProjectTeamID	—	string	团队的 ID
hasTeamDescription	hasTeamName	string	团队的名称
	hasTeamScope	string	团队的业务工作内容范围描述
	hasTeamDeliverables	string	团队产生的项目成果描述
……	……	……	……

表 4-8　ProjectMember 类

对象属性			
属性	子属性	关联类	说明
hasDemographicInfo	hasBirthday	TimeValue	项目成员的生日
hasEducationExperience	hasBachelorExperience	Experience	项目成员的本科学习情况
	hasMasterExperience	Experience	项目成员的硕士学习情况
	hasPhDExperience	Experience	项目成员的博士学习情况
hasSkillAndTraining	hasSkillExperience	Experience	项目成员具有的特定技能情况
	hasTrainingExperience	Experience	项目成员参加的培训活动情况
hasEmploymentRecord	hasIntraOrganizationExperience	Experience	项目成员在本单位中的就职经历
	hasOtherEmploymentExperience	Experience	项目成员在到本单位前的就职经历

续表

对象属性			
属性	子属性	关联类	说明
hasProjectExperience	hasProjectInvolved	Project	项目成员参与的项目名称
	isMemberOfProjectTeam	ProjectTeam	项目成员在上述项目中所属的团队
	hasMemberRoles	TeamRoles	项目成员在上述团队中的角色分配
	hasSuperior	ProjectMember	项目成员在上述项目中的上级领导
	hasSubordinate	ProjectMember	项目成员在上述项目中的直接下属
	hasMemberCalendar	Calendar	项目成员在上述项目中工作的具体时间安排
……	……	……	……

数据属性			
属性	子属性	类型	说明
hasProjectMemberID	—	integer	该项目成员的 ID
hasDemographicInfo	hasName	string	该项目成员的名字
	hasGender	boolean	该项目成员的性别
hasProjectExperience	hasResponsibility	string	该项目成员在上述项目中所负责的工作描述
……	……	……	……

此外，任务关系、组织职位、团队角色、经历以及日历等几个类是构成上述项目、项目任务、项目团队、项目成员四种情境主体的构件，分别如表 4-9～表 4-13 所示。

表 4-9 TaskRelation 类

对象属性		
属性	关联类	说明
hasSourceTask	ProjectTask	关系的出发端
hasTargetTask	ProjectTask	关系的到达端
taskRelationBelongToProject	Project	所属项目
……	……	……

数据属性		
属性	类型	说明
hasTaskRelationID	string	关系 ID
hasType	string	前置类型(FS,SS,FF,SF)
hasLag	float	延隔时间(天)
……	……	……

表 4-10 OrgPosition 类

对象属性			
属性	子属性	关联类	说明
hasPositionDescription	isBelongToOrg	ProjectOrganization	职位所在的组织
	positionFoundDate	TimeValue	职位设立的日期
	positionCancelDate	TimeValue	职位撤销的日期
hasPositionRelationship	hasSuperPosition	OrgPosition	该职位所属上级职位
	hasSubPosition	OrgPosition	该职位的下级子职位
……	……	……	……
数据属性			
属性	子属性	类型	说明
hasOrgPositionID	—	integer	职位的 ID
hasPositionDescription	hasPositionName	string	职位的名称
	hasPositionScope	string	职位的业务范围与内容描述
……	……	……	……

表 4-11 TeamRoles 类

对象属性			
属性	子属性	关联类	说明
hasRoleDescription	roleBelongToTeam	ProjectTeam	角色所在的团队
	roleFoundDate	TimeValue	角色设立的日期
	roleCancelDate	TimeValue	角色撤销的日期
hasRoleRelationship	hasSuperRole	TeamRoles	该角色所属的上级角色
	hasSubRole	TeamRoles	该角色所包含的下级子角色
……	……	……	……
数据属性			
属性	子属性	类型	说明
hasTeamRolesID	—	string	角色的 ID
hasRoleDescription	hasRoleName	string	角色的名称
	hasRoleScope	string	角色的任务范围与内容描述
……	……	……	……

表 4-12　Experience 类

对象属性		
属性	关联类	说明
hasExperienceStartDate	TimeValue	经历开始日期
hasExperienceEndDate	TimeValue	经历结束日期
hasCertificateDate	TimeValue	证书颁发日期
hasExperienceLocation	Location	该经历发生的位置
……	……	……
数据属性		
属性	类型	说明
hasExperienceID	string	经历 ID
hasExperienceName	string	经历名称
hasExperienceInfo	string	对该经历的具体说明
hasCertificateName	string	获得证书的名称
hasCertificateInfo	string	对该证书的具体说明
hasCertificateAuthority	string	证书颁发机构
……	……	……

表 4-13 的 Calendar 类实际上是对表 4-1 所描述的 TimeValue 类的补充，进一步说明该日期的某些特别的含义。

表 4-13　Calendar 类

数据属性		
属性	类型	说明
hasCalendarID	integer	日历 ID
hasCalendarDate	dateTime	日历日期
isWorkToday	string	当日是否工作
hasWorkStartTime	dateTime	开始工作时间
hasWorkEndTime	dateTime	结束工作时间
isHoliday	string	某个节日
isAnniversary	string	某个纪念日
……	……	……

4.4.2　基于本体的项目知识活动的情境表示

在前文 3.4 节中，按照项目知识活动的生命周期把项目知识情境划分为四种情境，即项目知识产生/获取情境、项目知识存储情境、项目知识共享/传递情境和项目知识应用情境。本书采用上一小节中设计的基于本体的项目知识情境基本组件来表示这四类项目知识情境，则式(4-123)可以进一步细化为式(4-124)，即对象属性的共享组件部分主要由 ProjectKnowledge、TimeValue 和 Location 三个类的实例组合构成，对象属性的主体组件部分主要由 Project、ProjectTask、ProjectTeam、ProjectMember 四个类的实例组合构成。

$$\text{Class}_{\text{PKC}} = \begin{cases} \text{DP}(\text{ID},\cdots) \\ \text{OP}_{\text{share}}(\text{ProjectKnowledge}, \text{TimeValue}, \text{Location}) \\ \text{OP}_{\text{subject}}(\text{Project}, \text{ProjectTask}, \text{ProjectTeam}, \text{ProjectMember}) \end{cases} \quad (4\text{-}124)$$

其中，为避免名称过长，式(4-124)在属性中，采用"DP"代替了"data property"，采用"OP"代替了"object property"。

1. 项目知识产生/获取情境表示

项目知识产生/获取的情境主要包含所产生/获取的项目知识本身，所处的项目、项目团队、项目任务状况，以及创建者/获取者的相关信息，该类所包含的具体内容如表 4-14 所示。

表 4-14　ProjectKnowledgeCorH 类

对象属性			
属性	子属性	关联类	说明
hasPKCorH	hasPKCreated	ProjectKnowledge	项目成员创建的项目知识
	hasPKHunted	ProjectKnowledge	项目成员获取的项目知识
createdInProject	—	Project	创建/获取该项目知识时所处的项目
hasTeamStatus	—	ProjectTeam	创建/获取该项目的项目团队
createdInTask	hasPrimaryTask	ProjectTask	创建/获取该项目知识的主要/关键项目任务的状态
	hasOtherTasks	ProjectTask	创建/获取该项目知识的相关项目任务的状态
hasPKCreationInfo	hasPKCreator	ProjectMember	该项目知识的创建者(一个或多个)
	createdOnTime	TimeValue	创建该项目知识的具体时间
	createdAtLocation	Location	创建该项目知识时的具体位置，包括地理位置、机构位置和任务位置
hasPKHuntInfo	hasPKHunter	ProjectMember	该项目知识的获取者(一个或多个)

续表

对象属性			
属性	子属性	关联类	说明
hasPKHuntInfo	huntedOnTime	TimeValue	获取该项目知识的具体时间
	huntedAtLocation	Location	获取该项目知识时的具体位置,包括地理位置、机构位置和任务位置
……	……	……	……
数据属性			
属性	子属性	类型	说明
hasPKCorHID	—	string	记录该类实例的 ID
……	……	……	……

注:为避免名称过长,表中的部分名称中采用"PK"代替了"ProjectKnowledge",采用缩写"CorH"表示"creation or hunt"。后续的表格中都将根据内容名称的长短情况,适当采用类似这样的缩写

2. 项目知识存储情境表示

项目知识存储的情境主要包含所存储的项目知识本身,存储的形式、位置,对项目知识的访问权限,以及项目知识更新的相关信息,其对应的类所包含的具体内容如表 4-15 所示。

表 4-15 ProjectKnowledgeStorage 类

对象属性			
属性	子属性	关联类	说明
hasPKStoraged	—	ProjectKnowledge	项目成员存储的项目知识
hasPKStorageLocation	—	Location	项目知识的存储位置
hasPKAuthority	hasPKCaretaker	ProjectMember	负责保管该项目知识的组织成员
hasPKUpdated	hasPKUpdater	ProjectMember	更新该项目知识的人员(一个或多个)
	hasUpdatingTime	TimeValue	更新该项目知识的时间
……	……	……	……
数据属性			
属性	子属性	类型	说明
hasPKStorageID	—	string	记录该类实例的 ID
hasPKStorageForm	isMaterialStorage	string	以纸、胶片等物质的方式存储项目知识
	isElectronicStorage	string	以电子化、数字化的方式存储项目知识
	isBrainStorage	string	项目知识存在于项目成员的大脑中,即为隐性知识
hasPKAuthority	hasAccessAuthority	string	对该项目知识的访问权限设置
hasPKUpdated	hasUpdatedContent	string	所更新的内容描述
	hasUpdatingVersion	float	更新后,该项目知识的版本编号
……	……	……	……

3. 项目知识共享/传递情境表示

项目知识共享/传递的情境主要包含所共享/传递的项目知识本身，项目知识发送端的信息(包括发送者、发送的时间和位置，以及所处的项目、项目团队、项目任务状况)，项目知识接收端的信息(包括接收者、接收的时间和位置，以及所处的项目、项目团队、项目任务状况)，如表 4-16 所示。

表 4-16　ProjectKnowledgeShare 类

属性	子属性	关联类	说明
对象属性			
hasPKShared	—	ProjectKnowledge	共享/传递的项目知识
hasPKSending	hasPKSender	ProjectMember	共享/传递出该项目知识的项目成员(一个或多个)
	hasSendingTime	TimeValue	共享/传递出该项目知识的具体时间
	shareFromLocation	Location	共享/传递出该项目知识时的具体位置，包括地理位置、机构位置和任务位置
	shareFromProject	Project	共享/传递该项目知识时发送方所在项目的整体状态
	shareFromTeam	ProjectTeam	共享/传递该项目知识时发送方所在项目团队情况
	shareFromTask	ProjectTask	共享/传递该项目知识时与发送方主要相关的项目任务的状态
hasPKReceiving	hasPKReceiver	ProjectMember	接收该项目知识的项目成员(一个或多个)
	hasReceivingTime	TimeValue	接收该项目知识的具体时间
	shareToLocation	Location	接收该项目知识时的具体位置，包括地理位置、机构位置和任务位置
	shareToProject	Project	接收该项目知识时接收方所在项目的整体状态情况
	shareToTeam	ProjectTeam	接收该项目知识时接收方所在项目团队
	shareToTask	ProjectTask	接收该项目知识时与接收方主要相关的项目任务的状态
……	……	……	……
数据属性			
属性	子属性	类型	说明
hasPKShareID	—	string	记录该类实例的 ID
……	……	……	……

4. 项目知识应用情境表示

项目知识应用的情境主要包含所应用的项目知识本身，项目知识应用时的信息(包括使用者、使用的时间和位置，以及所处的项目、项目团队、项目任务状况)，以及用户对项目知识应用的相关反馈信息，如表 4-17 所示。

表 4-17 ProjectKnowledgeUsage 类

对象属性			
属性	子属性	关联类	说明
hasPKUsed	—	ProjectKnowledge	使用的项目知识
hasPKUsageInfo	hasPKUser	ProjectMember	应用该项目知识的项目成员
	usedOnTime	TimeValue	应用该项目知识的具体时间
	usedAtLocation	Location	应用该项目知识时的具体位置，包括地理位置、机构位置和任务位置
	usedInProject	Project	应用该项目知识时应用者所在项目的整体状态
	usedByTeam	ProjectTeam	应用该项目知识时应用者所在项目团队的整体状态
	usedByTask	ProjectTask	应用该项目知识去处理的项目任务的状态
……	……	……	……
数据属性			
属性	子属性	类型	说明
hasPKUsageID	—	string	记录该类实例的 ID
hasPKRating	—	float	对该项目知识的重要性、可用性打分
hasPKComments	—	string	记录应用该项目知识的效果、经验等
……	……	……	……

4.5 本章小结

本章讨论了基于信息系统的项目知识的概念、形式与分类，回顾了知识表示的含义和常见的方法，选取了本体描述语言 OWL 作为项目知识情境表示的基础语言工具。

本章在本体论和 OWL 语言的基础上，发展了一套基于本体的项目知识情境表示的基础方法，采用个体、类、属性、约束四个基本构建来表示项目知识情境。本章设计了基于本体的项目知识情境表示框架，提出了项目知识情境中的共享组件和主体组件的表示方法与内容框架，并根据项目知识活动的特点，设计了基于本体的项目知识活动的情境表示方法和内容框架，可以进行项目知识产生/获取情境、项目知识存储情境、项目知识共享/传递情境和项目知识应用情境的表示。

本章所设计的基于本体的项目知识情境表示的方法是下一章中基于知识情境的项目知识推荐过程中进行项目知识情境建模的方法基础。

需要注意的是，在 4.4 节的项目知识情境表示框架表格中并没有明确列出在第 3 章中讨论过的比较隐性的组织情境因素，如组织文化等。虽然这些隐性的组织情境因素也会影响项目知识的产生/获取、存储、共享/传递与应用，但是，由于这些因素比较难以量化描述，并且往往针对性较强(即某一因素可能只是针对某个项目知识起明显作用)，需要在具体的项目情境实例中才能发挥作用；此外由于这些因素数量很多，难以在表格中一一列举。因此，4.4 节中不同项目知识情境分类描述的表格中的信息并不完备，有些遗漏的或难以描述的因素(包括对象属性、数据属性)尚待后续研究以及具体实例化应用时再加以分析。

第 5 章 基于知识情境的项目知识推荐方法研究

5.1 基于知识情境的项目知识推荐框架设计

5.1.1 项目知识的推式共享

项目知识共享意愿可以分为项目知识贡献意愿和项目知识收集意愿[221]。同理，按照项目知识接收者的行为方式来看，项目知识共享的方式主要有以下两种，如图 5-1 所示。

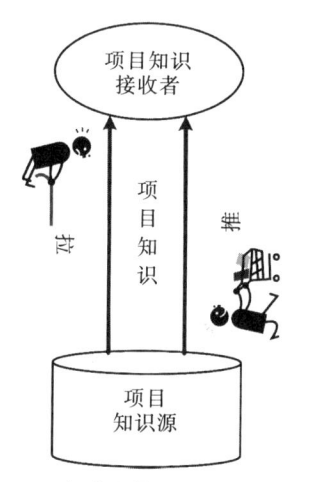

图 5-1 拉式和推式项目知识共享

1. 拉式共享

拉式共享主要是指项目知识接收者采取主动的方式去寻找自己需要的项目知识，包括主动参加特定的培训，向同事、专家询问，利用企业的项目知识管理信息系统进行知识学习，利用互联网检索外部资源等方式。在拉式共享的方式下，如果项目知识接收者很清楚自己想要寻找的项目知识是什么，即大概知晓该项目知识的名称、关键词、涉及内容等，那么往往在组织内部有知识资源或外部知识资源公开共享的情况下，可以比较快速地找到所需要的相关知识。但是，很多时候项目知识接收者往往不清楚自己欠缺的项目知识是什么，或者说不清楚自己所从事的工作任务需要哪些项目知识,即要想进行知识检索也不知道关键词是什么,在这种情况下,项目知识接收者面对问题一筹莫展,无法进行项目知识共享。

2. 推式共享

推式共享主要是指不需要项目知识接收者自己去进行项目知识的寻找,而是根据其工作需要,事先或实时地向其提供所需要的项目知识,以便其进行相应的知识学习、应对特定的工作。推式共享可以大大减轻项目知识接收者寻找知识的时间和精力负担。其实,组织中对新员工的培训就是一种典型的推式共享,组织可以针对新员工的专业背景以及他们将要面对的工作内容来决定向新员工提供哪些知识。但是,由于员工之间的差异,每个员工对知识的需求是不同的,统一培训式的知识共享更多的是共享一些通用的知识,很难针对每个员工的不同需求提供不同的知识。因此,一套能够在恰当的时间(right time)、恰当的工作(right task)、以恰当的方式(right approach)推送适当的项目知识(right project knowledge)给适当的项目成员(right project member)的项目知识推荐系统就显得十分重要。这样的一套系统使得项目组织中的项目知识共享可以实现 Cole 等所提出的基于 JIT 方式的知识传递[126]。

推式共享的情况下,项目知识接收者免除了在拉式共享方式中选取知识名称、关键词等的困扰,可依赖其他组织成员或信息系统为其提供所需要的项目知识,对于该项目知识可能其自己以前完全不了解。不过,随之而来的是推式共享中存在的问题,即如何知道项目知识接收者当前需要什么项目知识或即将需要什么项目知识,如何防止推送该项目知识接收者已经完全掌握的项目知识(即防止信息过载)。解决这些问题就不能依赖于人工的项目知识推荐,必须借助于自动化的信息系统。同时,还依赖于推荐项目知识的信息系统对项目知识接收者情境信息的了解,如背景、当前工作情境、未来的工作情境等,从而在项目知识和需求的接收者之间做出关系匹配。这也正是本书主要讨论的问题。

5.1.2 项目知识情境的时间轴划分

针对项目活动的特征,可以根据项目活动开展的时间轴,把项目知识情境划分为:历史情境(即历史的项目知识活动情境)、当前情境(即当前的项目知识活动情境)和后续情境(即后续的项目知识活动情境)。同时,在每一段时间区域上,针对项目知识活动的内容,依然存在前文提到的四种项目知识情境,即项目知识产生/获取情境、项目知识存储情境、项目知识共享/传递情境和项目知识应用情境,如图 5-2 所示。

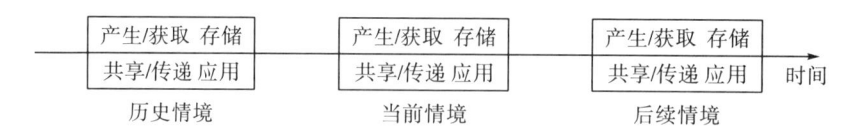

```
产生/获取 存储        产生/获取 存储        产生/获取 存储
共享/传递 应用        共享/传递 应用        共享/传递 应用         时间
   历史情境              当前情境              后续情境
```

图 5-2　基于时间轴的项目情境划分

1. 当前情境

当前情境(current context)主要是指在当前时间区域内项目知识活动的基本情境因素的状况，包括正在进行的项目工作的状态、项目成员的状态、项目团队的状态、项目的状态，以及这些因素之间的关系(如项目成员正在从事的项目工作及其职责要求，项目成员和团队之间的关系，项目团队在项目中的位置，等等)。同时，当前情境将根据所进行的项目知识活动的内容决定当前的项目知识活动情境分类，即属于项目知识产生/获取情境或项目知识存储情境、项目知识共享/传递情境、项目知识应用情境。

当前情境可以用于分析、理解项目成员在正在从事的项目工作中的项目知识需求。为简化问题，本书中的当前情境主要针对一个正在进行的项目而言，暂时不同步考虑其他正在进行的项目。

2. 历史情境

历史情境(history context)主要是指在某个历史时间区域内项目知识活动的基本情境因素的状况以及所处的项目知识活动情境分类，其内容设置和上述的当前情境类似。在本书中，历史情境将考虑本企业组织已经存储到项目信息系统中的当前进行的项目以及其他项目中的信息，包括已经完成的和正在进行的其他项目。

3. 后续情境

后续情境(successor context)主要是指根据本项目的进度计划(包括时间进度计划和资源配置计划)，在接下来的某个时间区域内项目知识活动的基本情境因素的状况以及所处的项目知识活动情境分类，其内容设置和上述的当前情境类似。

很多项目知识的学习、掌握是需要一定时间的，如果等到对应的项目工作开始以后才进行相关项目知识的共享，就会延误该工作的进程。因此，项目成员进行项目知识共享时并不能只针对当前从事的工作，还需要根据项目知识的特点、项目成员的学习能力等，提前进行后续项目工作所需要的项目知识的共享。可见，后续情境在项目知识共享/传递中非常重要，可以用于分析、理解项目成员在即将从事的项目工作中的项目知识需求。由于在后续的项目知识活动中，尚不清楚将会产生或存储什么新的项目知识，后续情境主要关注的是项目知识共享/传递情境。

为简化问题，和当前情境一样，本书中的后续情境只考虑对一个正在进行的项目的后续活动，暂时不考虑其他项目中即将同步开展的活动。

5.1.3 基于知识情境的项目知识推荐框架结构

根据推式知识共享方式和基于时间轴的项目知识情境划分，本书拟制了如图 5-3 所示的基于知识情境的项目知识推荐框架(图 5-3 中虚线包含的部分)。

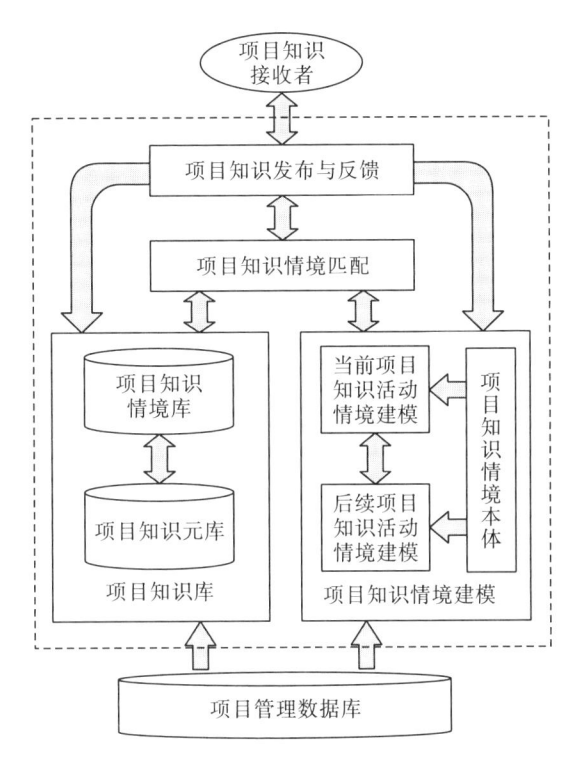

图 5-3　基于知识情境的项目知识推荐框架

1. 包含情境的项目知识库

本框架假设企业组织拥有数字化的项目知识来源——项目知识库，其中的内容是通过项目管理信息系统中的项目管理数据库中的信息抽取、组合得到的。项目知识库包括两个部分。

1) 项目知识元库

项目知识元库用于存放各种分类的项目领域知识的具体内容。

2) 项目知识情境库

从广义上来讲，项目知识的情境本身也是一种项目知识，即情境知识，因此，它也属于项目知识库的组成部分。项目知识情境库正是用于存放和项目知识元相关联的项目知识活动所涉及的项目知识情境，即项目知识产生/获取情境、项目知识存储情境、项目知识共享/传递情境、项目知识应用情境这四种项目知识情境。显然，所存储的这些情境值都属于上一个小节中划分的"历史情境"。对于一个项目知识实体，在项目知识情境库中保存着一个对应的项目知识产生/获取情境实体，以及若干个项目知识存储情境、项目知识共享/传递情境和项目知识应用情境实体。

2. 基于知识情境的项目知识推荐的过程

本框架中设定的项目知识推荐系统在进行项目知识推荐时，主要经过下面的几个步骤。

第一步，项目知识情境建模(project knowledge context modelling)。在第一步，项目知识推荐系统会根据项目知识活动参与者的当前项目知识活动的相关情境信息，建立当前情境模型，同时，将根据项目进度计划安排，推测项目知识活动参与者在未来一段时间内将要面临的后续发生的项目知识活动的情境信息，从而建立后续情境模型。项目知识情境建模主要是采用第 4 章中所提出的基于本体的项目知识情境表示方法和内容框架来建立对应的情境类的个体/实例。

第二步，项目知识情境匹配(project knowledge context matching)。在第二步，项目知识推荐系统将会把在第一步中建立的当前情境模型和后续情境模型所产生的情境个体/实例，同项目知识情境库中存储的历史情境个体/实例进行匹配，找出在哪些项目、任务中的项目知识活动的历史情境与当前情境或后续情境相似，并对其排序。项目知识情境匹配是项目知识推荐的核心步骤，其具体匹配的方式方法将在下一节中讨论。

第三步，项目知识发布(project knowledge delivery)。在第三步，项目知识推荐系统将根据第二步中找出相似历史情境个体/实例的内容，从项目知识元库中检索出相关的项目知识，然后，把这些项目知识以及配套的情境信息内容以恰当的方式传送给项目知识接收者。

第四步，项目知识情境反馈(project knowledge context feedback)。在第四步，项目知识接收者将针对系统所推荐的项目知识对自己当前从事的或将要从事的项目工作的有用性做出反馈，项目知识推荐系统将根据反馈的情况决定是否将该次推送项目知识的过程存储为一个项目知识共享/传递情境实例(即历史情境实例)，以及是否把项目知识接收者使用该项目知识的过程存储为一个项目知识应用情境个体/实例。同时，项目知识推荐系统也需要根据反馈情况，考虑是否调整针对该项目知识接收者的情境模型内容结构以及项目知识情境匹配的参数设置。由此，通过这个反馈过程，企业组织的项目知识情境库将会不断得到丰富，项目知识情境模型和项目知识情境匹配算法将得到个性化的改善。

5.2 项目知识情境的匹配方法设计

有学者认为在知识检索中,可以把知识匹配(或知识相关性)分为两种类型:一类是知识元(或知识单元)和知识元之间的匹配;另外一类是知识需求和知识元(或知识单元)之间的匹配[299]。本书中项目知识情境的匹配属于上述的第二种分类,是通过把当前的和后续的项目知识情境与历史项目情境进行匹配来寻找合适的项目知识。在本书中,项目知识情境是通过本体的方式来描述的,因此,需要从本体匹配的角度来进行项目知识情境匹配。

5.2.1 本体匹配的基本过程与方法

本体匹配(ontology matching)是针对计算机系统中的语义异构问题的一种解决方案,可以用于发现在不同的本体中语义相关的实体(包括类、属性、个体)之间的对应关系[300]。本体匹配的结果是对齐方式(alignments),它可以通过不同层次的精度来表达所考虑的本体之间的关系,包括相等(equivalence)、包含(subsumption)、不相交(disjointness)、推论(consequence)等。本体的实体之间的这些对应关系,可被用于处理与本体相关的各种任务,如本体的合并、查询,以及对本体数据的转换等,也就是说,知识和数据可以使用相匹配的本体来表示和交互操作[300]。

1. 实体关系表示

要进行本体匹配,首先要区分实体之间的相互关系。正如在 4.3 节中分别提到,实体可以通过以下各种关系连接[300]。

(1)包含(specialisation or subsumption)关系,两个类之间的包含关系可以用 OWL 语句"rdfs:subClassOf"来描述,两个属性之间的包含关系可以用 OWL 语句"rdfs:subPropertyOf"来描述。

(2)互斥(exclusion or disjointness)关系,即两个类或属性之间没有交集,OWL 中可以用"owl:disjointWith"语句来描述。

(3)实例化(instantiation or typing)关系,通常表示个体和类之间、属性实例(property instance)和属性之间、值和数据类型之间的成员归属关系。在 OWL 中用"rdf:type"语句来描述。

(4)赋值(assignment)关系,即对于个体和属性实例之间的分配关系,以及个体属性的取值关系。

由此,可以把本体及其实体关系表示为如式(5-1)所示的一个元组[300]:

$$O = \langle C, I, R, T, V, \subseteq, \perp, \in, = \rangle \tag{5-1}$$

其中，C 是类(class)的集合；I 是个体(individual)的集合；R 是关系(relation)的集合，包括属性(property)和约束(restriction)；T 是数据类型(data type)的集合；V 是值(value)的集合；C, I, R, T, V 彼此互斥；$\subseteq$是表示类与类之间($C \times C$)、关系与关系之间($R \times R$)、数据类型与数据类型之间($T \times T$)的包含关系；$\perp$表示类与类之间($C \times C$)、关系与关系之间($R \times R$)、数据类型与数据类型之间($T \times T$)的互斥关系；$\in$ 表示个体和类之间($I \times C$)、值和数据类型之间($V \times T$)的实例化关系；=表示实例与关系以及实例与值之间[即 $I \times R \times (I \cup V)$]的分配/赋值关系。

2. 本体异构的类型

本体被提出以来，不同的组织、人员针对同类事物定义了大量自身理解的本体。这些本体定义的方式、方法、内容不尽相同，由此带来了本体的异构(heterogeneity)问题，使得本体之间难以相互操作，造成了人们利用本体进行知识交流的障碍。本体匹配的基本目的就是减少本体之间的异构性。

整体来讲，本体的异构主要有以下几种形式[300]。

1) 语法异构

语法异构(syntactic heterogeneity)是指两个本体采用了不同的本体语言来描述表达。例如，一个本体用 OWL 语言，另一个本体用 F-logic 语言。通常，需要建立不同本体语言之间的对应关系，才能解决这类异构问题。

2) 术语异构

术语异构(terminological heterogeneity)是指对于同一个实体采用不同的名称来描述表示。这往往是由语言习惯造成的。例如，对于一篇文章，有的人用"paper"，有的人用"article"；对于组织，美式英语用"organization"，英式英语用"organisation"。

3) 概念异构

概念异构(conceptual heterogeneity or semantic heterogeneity)是指对同一兴趣领域的建模差异，又称为语义异构、逻辑错配(logical mismatch)。这可能是因为在建模时使用了不同的公理去定义概念，或者采用了完全不同的概念。概念异构又可以分为三种主要的形式。

(1) 概念的覆盖范围(coverage)不同，即两个本体描述了不同的或部分重叠的内容。

(2) 概念的粒度(granularity)不同，即两个本体在描述同一领域同一角度的事物时采用的详细程度不同。例如，对于某个项目任务发生的地点，一个本体用城市名称，另一个本体则具体到了街道和门牌房间号。

(3)概念的角度(perspective)不同,即两个本体在描述同一事物时采用了不同的视角。例如,对于一个项目小组的人员构成特征,一个本体从年龄角度描述,另一个本体从学历角度描述。

4) 符号异构

符号异构(semiotic heterogeneity)又称为语用异构(pragmatic heterogeneity),是指人们对于同一本体的解读不同。即使一个实体采用相同的词语来表达,但是人们会根据具体的使用场景来做不同的理解。例如,对于汉语中"东西"这个词,可能表示方位,可能表示物品,也可能是情绪的表达。目前,计算机的自然语言理解能力和人差距尚大,对于这类问题还是难以解决的。

通常,上述几种异构类型会组合出现或一起出现。但是在本书中主要涉及的是第三类异构——概念异构,原因如下。

(1)本书中的本体都采用 OWL 语言编写,因此避免了语法异构。

(2)前面章节中针对项目知识生命周期构建了一套本体框架,规范了其中的类和属性的表达,因此避免了术语异构。

(3)对于符号异构,更多地属于人工智能、自然语言理解领域,不在本书的讨论范围。

3. 本体匹配的过程与结果

本体匹配的过程就是确定一对本体的 O_1 和 O_2 之间的对齐方式[300]。此外,还有一些参数可以扩展对匹配过程的定义。

(1)一个初始输入的对齐方式 A,称为对齐锚,它可以通过本体匹配的过程来扩展或完善。

(2)匹配参数 p,如权重或阈值等。

(3)匹配过程中使用的外部资源 r,如常识、特定领域的主题词表等。

根据这些参数,本体匹配的过程可以看作是一个函数 f,针对一对本体 O_1 和 O_2 进行匹配,采用一个初始输入的对齐方式 A,一组参数 P,以及一组资源 R,返回这些本体之间的一个对准 A' 的过程,如式(5-2)所示:

$$A' = f(O_1, O_2, A, P, R) \tag{5-2}$$

上述匹配的过程也可以用图 5-4 来表示。

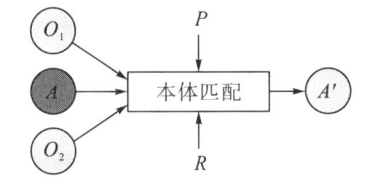

图 5-4 本体匹配的基本过程[301]

本体匹配后输出的结果——对齐方式 A' 实际上是所匹配的本体中实体之间的对应关系(correspondence)的集合。对齐方式可以是一对一(1:1)、一对多(1:m)、多对一(m:1)或多对多(n:m)。给定两个本体，一个对齐方式可以表示为如式(5-3)所示的四元组[301]：

$$\langle id, e_1, e_2, r \rangle \tag{5-3}$$

其中，id 是该对齐方式 A' 的标识符；e_1 和 e_2 分别是前面式(5-2)中的本体 O_1 和 O_2 的实体(类或者属性)；r 是 e_1 和 e_2 之间的一个关系，如等价、包含、不相交。

一个对应关系 r 还可以附带一些元数据(metadata)。经常使用的元数据有以下类型。

(1) 关于对应关系的信度(confidence)，其取值通常在[0,1]范围内，信度越高，所匹配的实体之间具备该对应关系的可能性越高[301]。

(2) 两个实体之间的相似度(similarity，简写为 Sim)，可以用一个从 0 到 1 的数字表示，0 表示不同，1 表示完全相同。

4. 现有的本体匹配方法

当前本体匹配的方法有很多种，通常可以根据粒度和对输入的解释来分类，即根据需要匹配的内容的粒度——元素层(element-level)或结构层(structure-level)，以及解释输入信息的技术方法来分类[300]。其中，元素层的匹配技术，通过分析分离的实体或其实例来计算对应关系，忽略它们和其他实体或实例彼此之间的关系。结构层的技术通过分析不同的实体或其实例是如何一起出现在一个结构上的来计算对应关系。此后还可以根据输入信息的来源及处理不同输入种类的匹配技术来分类，即语法(syntactic)技术或是语义(semantic)技术。

元素层的本体匹配方法主要有以下几种[300]。

(1) 基于字符串(string-based)的方法——通常用于匹配本体实体的名称及其描述。这类方法把字符串当作在字母表中的字母序列来考虑，通常认为越相似的字符串越有可能表示同一概念。这类方法常常采用距离函数把需要匹配的一对字符串映射为一个数字，用于表示二者之间的相似性。

(2) 基于语言(language-based)的方法——该类方法把需要匹配的名称作为一些自然语言中的单词来考虑，如英语单词，是在自然语言处理技术的基础上利用了输入词的形态特性。可以在基于字符串的方法前先采用这个方法来改善输入的内容。

(3) 基于约束(constraint-based)的方法——该类方法主要利用实体定义中的那些内部约束来进行计算，这些内部约束包括类型、属性的基数等。

(4) 基于非规范资源(informal resource-based)的方法——本体可以和许多非规范的资源(如图片说明)相联系，因此可以根据它们和这些资源的联系方式来推断本体实体之间的关系。例如，如果两个类注释了相同的图片集就有可能被认为是等价的。

(5) 基于规范资源(formal resource-based)的方法——该类方法利用外部的本体来进行匹配,会从一个或几个外部本体开始来组成所需匹配的本体间的对齐方式。通过该方法,可以使用特定领域的本体、上层本体、链接的数据以及其他资源等来构建基于情境的本体匹配程序。

结构层的本体匹配方法主要有以下几种[300]。

(1) 基于图形(graph-based)的方法。该类方法实际上是把输入的本体,包括数据库模式(database schema)、分类等,看成有标记的图(labelled graph)的图形算法,其基本思想是如果两个本体的两个节点是相似的,那么它们的邻居也必须在某种程度上类似。由此,两个本体的一对节点组之间的相似性是基于它们在图中的位置分析比较得到的。

(2) 基于分类学(taxonomy-based)的方法——该类方法实际上也是图形算法,不过只考虑特定的关系,其基本思想是如果特定的连接术语是相似的(即相互为子集或超集),那么它们的邻居相互也可能是类似的。

(3) 基于模型(model-based)的方法——该类方法基于模型论语义解释来处理输入的内容,其基本思想是,如果两个实体是相同的,那么它们共享相同的解释,如描述逻辑推理方法就属于该类。

(4) 基于实例(instance-based)的方法——该类方法通过比较类的实例集来决定这些类是否匹配,往往需要基于精心设计的数据分析与统计技术。例如,基于距离的分类、形式概念分析等。

本书所设计的项目知识情境本体的匹配方法是将元素层和结构层方法相混合,也就是说,既要考虑元素的内容匹配,也要考虑结构的形态匹配。

5.2.2 项目知识情境的内容维度划分

在第 4 章中,本书列举了采用本体类表示的项目知识情境的基本因素及其具体构成。在进行项目知识推荐的时候,需要综合地考虑这些情境因素,为了便于情境匹配,本书进一步把 4.4.1 小节中的基本情境类划分为如表 5-1 中的五个方面的维度。根据每个维度中类信息内容的不同,又将所包含的类进一步分为核心类和辅助类,核心类是在 4.4.2 小节中对项目知识活动情境类的属性定义中直接以对象属性类型出现的类,其他的归入辅助类。

表 5-1 项目知识情境的内容维度划分

维度名称	核心类	辅助类
时空维度	TimeValue	Calendar
	Location	—

续表

维度名称	核心类	辅助类
工作维度	Project	—
	ProjectTask	TaskRelation
组织维度	ProjectTeam	TeamRoles
		ProjectOrganization
		OrgPosition
人员维度	ProjectMember	Experience
知识内容维度	ProjectKnowledge	—

1. 时空维度

时空维度主要阐明进行项目知识活动的时间和空间信息，因此其核心类对应类 TimeValue 和类 Location。此外，类 Calendar 实际上是对类 TimeValue 的进一步细化说明，因此作为辅助类。

2. 工作维度

工作维度主要阐明项目知识活动涉及的项目与工作信息，其核心类对应类 Project 和类 ProjectTask。这两个类可以组合起来说明具体工作的内容、目标及要求等。此外，辅助类 TaskRelation 可以进一步详细说明任务之间的关系。

3. 组织维度

组织维度主要阐明参与项目知识活动的组织及其相互关系，其核心类是类 ProjectTeam，用于说明项目中的组织实体关系。类 TeamRoles 对于说明项目中的组织实体承担的工作类型与职责非常重要。类 OrgPosition 主要用于说明企业组织结构，是对项目组织结构的辅助说明。此外，由于本书只讨论同一企业组织内部的项目知识共享，不涉及多个企业组织之间的项目知识共享，因此类 ProjectOrganization 实际上只有一个个体/实例，不用于对于组织关系的说明。

4. 人员维度

人员维度主要阐明参与项目知识活动的人员的情况，其核心类是类 ProjectMember。此外，项目成员的教育背景、培训经历、项目经历会影响其对项目知识的认知与需求，其进一步细化的内容在类 Experience 中，将其作为人员维度的辅助类。

5. 知识内容维度

知识内容维度主要阐明项目知识的具体内容，通过知识分类、关键词、摘要等来说明。由于本书讨论的重点是进行项目知识情境的匹配，对知识内容维度并没有做更多、更深入的细化。

5.2.3 项目知识情境相似度的计算方法

1. 项目知识情境的匹配过程

要比较两个项目知识情境的个体/实例，一种比较简单的方法步骤如下。

第一步，检查这两个个体/实例是否是同一个项目知识情境类的个体/实例。

第二步，如果第一步中的检查结果为真，则将这两个个体/实例按照该类项目知识情境类所定义的结构逐一进行比较，记录相互之间的差异。

第三步，根据第二步中记录的差异结果，计算它们之间的相似程度。

在上述第二步中，项目知识情境类的属性可以采用树形结构分解，因此可以采用广度优先或深度优先的方式遍历，也可以利用树匹配等图形匹配方法来对比，如文献[302,303]所讨论，本书不做赘述。在本书中处理的关键环节是如何计算评价项目知识情境实例之间的相似程度。

2. 项目知识情境的相似度计算

两个项目知识情境实体 a 和 b 之间的相似度 Sim 可以表示为根据两个实体之间的关系计算出的一个实数（real number），如式(5-4)所示。该相似度函数满足非负（positiveness）、极大（maximality）、对称（symmetry）三大特性[300,304]。

$$\text{Sim}: a \times b \to \mathbb{R} \tag{5-4}$$

$$\forall a,b \in O, \quad \text{Sim}(a,b) \geqslant 0 \quad \text{(positiveness)}$$

$$\forall a \in O, \forall b,c \in O, \quad \text{Sim}(a,a) \geqslant \text{Sim}(b,c) \quad \text{(maximality)}$$

$$\forall a,b \in O, \quad \text{Sim}(a,b) = \text{Sim}(b,a) \quad \text{(symmetry)}$$

其中，O 表示项目知识情境实体的集合。

可以定义实数 $\mathbb{R}$ 的取值在[0,1]，其中 0 表示所比较的实体完全不同，1 表示所比较的实体完全相同。由此，两个实体 a 和 b 的匹配计算方式就可以用式(5-5)来表示[304]：

$$\text{Sim}(a,b) = f(A \cap B, A-B, B-A) \tag{5-5}$$

其中，A 表示 a 实体的属性集合，B 表示 b 实体的属性集合；$A \cap B$ 表示实体 a 和实体 b 都具备的属性；$A-B$ 表示实体 a 有而实体 b 没有的属性；$B-A$ 表示实体 b 有而实体 a 没有的属性。

而实体 a 与实体 b、实体 c 之间的相似性程度比较可以由式(5-6)表示[304]：

$$\text{Sim}(a,b) \geqslant \text{Sim}(a,c) \tag{5-6}$$

当 $A \cap B \supset A \cap C, A-B \subset A-C, B-A \subset C-A$ 时式(5-6)成立，即该相似性函数具备单调性（monotonicity）。

对应于上一小节提出的项目知识推荐的情境内容维度划分，本书将从结构、时空、工作、组织、成员以及混合六个角度来讨论项目知识情境的相似度。

1) 结构相似度

结构相似度(structure similarity，简写为 Sim_S)是指项目知识活动情境类的不同个体/实例之间的属性结构相似的程度。本书中采用项目知识产生/获取情境、项目知识存储情境、项目知识传递/共享情境和项目知识应用情境四个类来表示项目知识活动的情境，因而，在项目知识情境库中存储的历史情境以及在推荐系统中实时建模的当前情境和后续情境，实际上都是这四个类的个体/实例，都服从这四个类的属性结构定义。但是，这四个项目知识活动的情境类在定义时考虑的属性内容较多(不仅要考虑这几个类中的数据属性，还要考虑其中的对象属性，而每个对象属性对应的对象还有其自己的属性)，而实际产生个体/实例时，由于数据来源的不确定性，有部分属性可能没有取值(即为空)，这就造成了个体/实例之间所拥有的属性种类、数量有可能不同，即产生了个体/实例之间的结构差异。

根据式(5-5)，假设 a 实体是当前情境或后续情境实体，b 实体是历史情境实体，则 a、b 实体的结构相似度可以用式(5-7)表示：

$$\text{Sim}_S(a,b) = \frac{f_s(A \cap B)}{f_s(A \cap B) + \alpha f_s(A-B) + \beta f_s(B-A)} \tag{5-7}$$

在式(5-7)中，f_s 是非负度量函数，主要功能是对个体/实例是否具有某个属性做对比，并不涉及该属性中具体的内容。简单的做法是按照该类本体的结构定义进行逐一遍历比较，每检查一个属性，就增加一次对应分类的值(如+1)。此外，式(5-7)中，α 和 β 是权重参数数组，满足：$\alpha = (\alpha_1, \alpha_2, \cdots, \alpha_x)$，$x$ 是 $(A-B)$ 所包含的属性总数；$\beta = (\beta_1, \beta_2, \cdots, \beta_y)$，$y$ 是 $(B-A)$ 所包含的属性总数；Ω 是存储 a、b 实体对应的该本体类的所有属性权重的数组；$\Omega = (\omega_1, \omega_2, \cdots, \omega_n)$，$0 \leq \omega_i \leq 1$，$1 \leq i \leq n$，$n$ 是属性总数；$\alpha \subset \Omega, \beta \subset \Omega, \alpha \cap \beta = \phi$。

显然，α 和 β 所标注的本体属性是彼此不同的。设置权重参数组的原因主要是不同类型、内容的项目知识情境个体/实例中的不同属性，对于各类项目知识活动的重要性可能不同，需要针对具体的组织、项目、任务、成员来配置不同的权重参数组合。可见，$0 \leq \text{Sim}_S(a,b) \leq 1$，其取值对应不相交、包含、等价三类关系。

此外，本书中设计的项目知识情境本体的属性结构，从本体定义的角度来看，实际上是一种树形结构，尤其是对于一个对象属性，可以根据该对象再展开其数据子属性和对象子属性。具体计算时，如果只是需要识别如式(5-3)所提到的逻辑关系，即不相交、包含、等价等，也可以采用树匹配(tree matching)这样的图形化匹配方法来识别项目知识情境个体/实例相互之间的差异。同时，由于不同的对象属性共享一些实体对象(如时间、位置)，多个项目知识情境个体/实例之间会因为这些对象的链接形成网状关系，这可能也是一个有趣的研究内容，不过不在本书的研究范围内，有待后续研究讨论。

本书在计算结构相似性时，为了降低计算的复杂性和计算时间，考虑将结构展开的层次限制为 2 层，即只针对首层的对象属性进行展开。

2) 时空相似度

时空相似度(time and space similarity，简写为Sim_{TS})是指项目知识活动情境类的不同个体/实例之间在相关的时间和空间类属性取值上相似的程度。因此，时空相似度分为两个指标，即时间相似度和空间相似度。

其中，空间相似度主要是指项目知识活动在地理位置上的相似度，即类 Location 中的 hasGeographicLocation 属性组（类 Location 中的任务位置和组织位置将在后面的工作相似度和组织相似度中分别讨论）。

对于时间相似度，当然，历史情景、当前情境和后续情境在时间轴上位于不同的位置，它们之间的绝对时间是不同的。因此，本书所讨论的时间相似度并非针对绝对时间，而是针对相对时间，即在类 TimeValue 和类 Calendar 的属性中列举的特定日期标识，如周几、节假日、纪念日等。

由此，时空相似度如式(5-8)～式(5-10)所示：

$$\text{Sim}_{\text{TS}}(a,b) = \left[\text{Time}(a,b) + \text{Space}(a,b)\right]/2 \tag{5-8}$$

在式(5-8)中，赋予了时间和空间函数相同的权重（即 1/2），实际应用时，可以根据项目的要求，赋予不同的权重。可见，$0 \leqslant \text{Sim}_{\text{TS}}(a,b) \leqslant 1$，

$$\text{Time}(a,b) = \frac{\omega_{\text{T}} f_{\text{T}}(A_{\text{T}} \cap B_{\text{T}})}{N_{\text{T}}} \tag{5-9}$$

在式(5-9)中，N_{T} 表示时间本体类 TimeValue 和类 Calendar 中时间属性的个数（绝对时间除外）；$\omega_{\text{T}} \subset \Omega$，表示与各时间属性对应的权重参数；$A_{\text{T}}$ 和 B_{T} 分别表示 a、b 个体/实例中与时间相关的属性。在该式中，只考虑了对 A、B 中都存在的属性（即 $A_{\text{T}} \cap B_{\text{T}}$）进行内容相似程度的计算，并没有计算只存在于 A 或只存在于 B 中的属性，这些单独存在的属性由上面的结构相似度来处理，后面的工作、组织、成员等维度计算中也是如此。此外，f_{T} 函数的计算方式和结构相似度计算类似，也需要遍历每一个共同属性，所不同是还需要比较每个属性的取值。根据时间类属性的数据类型取值特点（大部分为日期、数值或短字符串），这些属性值可以直接比较，结果相同为 1，不同为 0。

$$\text{Space}(a,b) = \begin{cases} 1, & \text{if } \dfrac{\text{Range}}{\text{Distance}(A_{\text{D}}, B_{\text{D}})} \geqslant 1 \\ \dfrac{\text{Range}}{\text{Distance}(A_{\text{D}}, B_{\text{D}})}, & \text{if } \dfrac{\text{Range}}{\text{Distance}(A_{\text{D}}, B_{\text{D}})} < 1 \end{cases} \tag{5-10}$$

在式(5-10)中，A_{D} 和 B_{D} 分别表示 a、b 个体/实例中与空间相关的属性（简化起见，可以只用经纬度属性），Range 是一个判断是否在同一个地点的距离值（如

1千米)，Distance 是利用经纬度来计算 a、b 之间的距离(也可以利用字符串识别来判断地址属性是否相同，结合地理信息系统可以判断距离)。

3) 工作相似度

工作相似度(work similarity，简写为 Sim_w)是指项目知识活动情境类的不同个体/实例之间在相关的项目和任务属性取值上相似的程度。工作相似度主要包括以下方面。

(1) 整个项目的相似度。该方面主要从整个项目的角度来比较不同个体/实例所属的项目之间的相似度，如项目名称、项目范围、项目工期、质量要求、项目预算、项目成果等内容。

(2) 当前任务的相似度。该方面主要从当前任务的角度来看，不同个体/实例中的当前项目知识活动所在任务之间的相似度，包括任务范围、任务工期、任务质量、任务成本、任务成果、任务所用到的财物资源(人力资源将在后面的成员相似度中讨论)等内容。同时，任务之间的关系也是需要考虑的因素。任务关系主要是考虑不同个体/实例中的当前项目知识活动所在任务和其他任务的关系之间的相似程度，包括任务在项目中的位置、前后任务关系、上下层任务关系等几种。

由此，工作相似度可以表示为上面两种相似度的合成，如式(5-11)所示：

$$Sim_w(a,b) = \gamma Project(a,b) + (1-\gamma)Task(a,b) \tag{5-11}$$

其中，γ 是权重系数，$0 \leqslant \gamma \leqslant 1$，$0 \leqslant Sim_w(a,b) \leqslant 1$。

$$Project(a,b) = \frac{\omega_P f_P(A_P \cap B_P)}{N_P} \tag{5-12}$$

在式(5-12)中，N_P 表示项目本体类 Project 中相关属性的个数；$\omega_P \subset \Omega$，表示与项目属性对应的权重参数；A_P 和 B_P 分别表示 a、b 个体/实例中与项目相关的属性。项目类属性的取值中，有很多属性值为较长的字符串(如项目范围、质量要求、项目成果等)，对于这一类属性，如果直接比较很难得到相同、相似的结果。因此，在计算这类属性的相似性时，可以采用关键词比较的方式(包括字符串匹配、语义匹配等)，根据关键词匹配的数量来衡量相似度。而对于数值型的一些参数则采取模糊判断的方式，即当数值的差异不超过一定的范围，可以认为二者相等，如 a 项目成本为 110 万元，b 项目成本为 109 万元，则视两个项目的成本相同。

$$Task(a,b) = \frac{\omega_W f_W(A_W \cap B_W)}{N_W} \tag{5-13}$$

在式(5-13)中，N_W 表示任务本体类 ProjectTask 中相关属性的个数；$\omega_W \subset \Omega$，表示与任务属性对应的权重参数；A_W 和 B_W 分别表示 a、b 个体/实例中与任务相关的属性。任务属性的取值和项目类属性的取值类似，也有很多属性值为较长的字符串(如工作内容、质量要求、任务成果、所用到物资资源、规章制度等)，因此，可以采用和项目属性类似的计算方式。

相对比较不同的是针对任务关系的计算：对于任务在项目中的位置以及上下层任务关系可以通过对任务 WBS 代码的分析来进行分析，得出特征值，从而进行比较；对于前后任务关系可以考虑辅助类 TaskRelation 类型对象的属性，通过构建以所选任务为中心节点，将其前置任务视作对此任务的输入，将其后续任务作为此任务的输出，从而构成一个输入输出节点图，以此为基础对两个图进行比较。但是这种方法对于解释任务关系来讲比较粗糙，要真正理清任务关系，需要理解任务的工作内容。因此，整体来讲，任务关系的比较相对困难，对计算机系统的智能化要求较高，需要引入其他的智能方法，如语义识别等。在本书后续的计算中，暂时只做简单处理，即只考虑任务是否为摘要任务，以及前置、后续任务的数量等简单要素。

4) 组织相似度

组织相似度(organization similarity，简写为 Sim_O)是指项目知识活动情境类的不同个体/实例之间在相关的企业组织、项目团队、角色等属性取值上相似的程度。由于本书中只考虑在同一个企业组织中的项目知识共享，组织相似度主要包括项目团队的相似度和角色的相似度两个方面，如式(5-14)所示：

$$\text{Sim}_O(a,b) = \delta \text{Team}(a,b) + (1-\delta)\text{Role}(a,b) \tag{5-14}$$

其中，δ 是权重系数，$0 \leq \delta \leq 1$，$0 \leq \text{Sim}_W(a,b) \leq 1$。

$$\text{Team}(a,b) = \frac{\omega_M f_M(A_M \cap B_M)}{N_M} \tag{5-15}$$

在式(5-15)中，N_M 表示项目团队本体类 ProjectTeam 中相关属性的个数；$\omega_M \subset \Omega$，表示与团队属性对应的权重参数；A_M 和 B_M 分别表示 a、b 个体/实例中与团队相关的属性。团队属性的取值和项目类属性的取值类似，因此，可以采用和项目属性类似的计算方式。

$$\text{Role}(a,b) = \frac{\omega_R f_R(A_R \cap B_R)}{N_R} \tag{5-16}$$

在式(5-16)中，N_R 表示团队角色本体类 TeamRoles 中相关属性的个数；$\omega_R \subset \Omega$ 表示与团队角色属性对应的权重参数；A_R 和 B_R 分别表示 a、b 个体/实例中与团队角色相关的属性。团队角色属性的取值类别和项目团队类属性的取值类似，因此，也可以采用和项目团队属性类似的计算方式。此外，类 OrgPosition 主要针对企业组织中的职位，和项目中的设置差异较大，本书在计算相似度时暂不考虑。

5) 成员相似度

成员相似度(project member/employee similarity，简写为 Sim_E)是指项目知识活动情境类的不同个体/实例之间在参与项目知识活动的相关项目成员的属性取值上相似的程度。实际上,项目成员的相似度主要是考察项目成员的经历的相似程度,又可以划分为知识背景(包括教育、培训经历)、雇用记录和参与项目经历三个方面的相似程度。在类 ProjectMember 中知识背景和雇用记录都是用对象属性 Experience 类来表示的,参与项目经历(project experience)则是采用 hasProjectExperience 属性组,把多个对象属性组合起来表示。由此,成员相似度的计算如式(5-17)所示:

$$\text{Sim}_E(a,b) = \varepsilon \text{Experience}(a,b) + (1-\varepsilon)\text{PE}(a,b) \tag{5-17}$$

其中,ε 是权重系数,$0 \leq \varepsilon \leq 1$,$0 \leq \text{Sim}_E(a,b) \leq 1$。Experience$(a,b)$ 用于教育、培训、雇用等的经历相似度计算,PE(a,b) 用于项目经历的相似度计算。

由于项目成员的经历很多,在类 ProjectMember 中采用类 Experience 作为数据类型的对象属性可以重复出现,尤其是培训经历中的 hasSkillExperience、hasTrainExperience 属性以及雇用记录中的 hasIntraOrganizationExperience、hasOtherEmployExperience 等属性会有很多个。此外项目经历 hasProjectExperience 属性组也会有多个(其中包括 Project、ProjectTeam、TeamRoles、ProjectMember 等对象属性)。只有在产生项目成员实体的时候才能明确各类经历属性的数量,即不同实体的经历属性数量有很大的差异,因此式(5-18)、式(5-19)中的参数定义和前面的算式有很大不同。

式(5-18)中,如果假设 a 实体是当前情境或后续情境实体,b 实体是历史情境实体,则 N_E 表示 a 实体中指定的项目成员对象采用类 Experience 对象属性的个数;$\omega_E \subset \Omega$,表示与 a 实体中指定的项目成员对象对应的 Experience 类型属性的权重参数;A_E 和 B_E 分别表示 a、b 个体/实例中 Experience 类型的属性。在具体进行比较时,主要是延伸到 a、b 实体的下层类 Experience 的实体中进行比较。

$$\text{Experience}(a,b) = \frac{\omega_E f_E(A_E \cap B_E)}{N_E} \tag{5-18}$$

$$\text{PE}(a,b) = \frac{\omega_{PE} f_{PE}(A_{PE} \cap B_{PE})}{N_{PE}} \tag{5-19}$$

式(5-19)中,N_{PE} 表示 a 实体中指定的项目成员对象采用的项目经历 hasProjectExperience 属性组的个数;$\omega_{PE} \subset \Omega$,表示与 a 实体中指定的项目成员对象对应的项目经历 hasProjectExperience 属性组的权重参数;A_{PE} 和 B_{PE} 分别表示 a、b 个体/实例中的 hasProjectExperience 属性组。在具体进行比较时,采用的是属性组之间的比较。针对每个属性组的计算,如式(5-20)所示:

$$\text{Pe}(a,b) = \frac{\omega_{Pe} f_{Pe}(A_{Pe} \cap B_{Pe})}{N_{Pe}} \tag{5-20}$$

其中,N_{Pe} 表示在本体定义中项目经历 hasProjectExperience 属性组中属性的个数;$\omega_{Pe} \subset \Omega$,表示项目经历 hasProjectExperience 属性组中每个属性的权重参数;A_{Pe}

和 B_{Pe} 分别表示 a、b 个体/实例 hasProjectExperience 属性组中的具体属性。在计算 Pe(a,b) 时，简单的方法是直接比较属性组中对象属性的实例名称，如果要做出更细致的比较，则需要针对每个对象属性进行树形展开，再采用前面的结构、时空、工作、组织等分类维度计算公式来计算相似度。

6) 混合相似度

混合相似度是根据上述结构、时空、工作、组织和成员五个角度综合来测算的项目知识活动情境类的不同个体/实例之间相似的程度。由于时空、工作、组织和成员维度的属性组合都存在着结构是否相似的问题，结构的相似程度直接影响实体内容之间的相似程度，因此，可以把整体的结构相似性分解为四个方面，即分别计算时空结构相似度 $\mathrm{Sim}_{S\text{-}TS}$、工作结构相似度 $\mathrm{Sim}_{S\text{-}W}$、组织结构相似度 $\mathrm{Sim}_{S\text{-}O}$ 和成员结构相似度 $\mathrm{Sim}_{S\text{-}E}$，显然这四种分类结构相似度的取值为[0,1]内的数值。

在计算时空、工作、组织和成员相似度时需要同时考虑该方面的结构相似度、内容相似度以及该方面内容的重要性程度。由此，混合相似度可以用式(5-21)来表示。

$$\mathrm{Sim}_{MIX}(a,b) = \lambda \mathrm{Sim}_{S\text{-}TS}\mathrm{Sim}_{TS} + \mu \mathrm{Sim}_{S\text{-}W}\mathrm{Sim}_{W} + \eta \mathrm{Sim}_{S\text{-}O}\mathrm{Sim}_{O} + \theta \mathrm{Sim}_{S\text{-}E}\mathrm{Sim}_{E}$$

(5-21)

其中，λ、μ、η、θ 为该方面内容重要性程度的权重系数，取值范围为[0,1]，且满足 $\lambda+\mu+\eta+\theta=1$。可见，$0 \leqslant \mathrm{Sim}_{MIX}(a,b) \leqslant 1$。

对于具体的项目知识情境，可以根据项目知识活动的需要，选择单方面的相似度或者选择多方面的混合相似度来进行项目知识情境的匹配。

5.3 不同场景下的项目知识情境实例构建与推荐算法

在进行项目知识推荐前，首先需要对项目知识活动参与者所处的项目知识活动情境进行实例构建。项目知识情境实例构建主要是采用第 4 章中讨论的方法，即根据本书所提出的基于本体的项目知识情境表示方法和内容框架，建立对应的项目知识情境类的个体/实例。对于前文讨论的当前情境和后续情境，根据项目知识活动的场景/内容不同，需要针对不同的项目活动参与者，选择不同的项目知识活动情境类进行实例化，如表 5-2 所示。

对于后续情境，主要是针对项目知识共享/传递活动进行实例构建。此外，由于计算能力的限制以及对计算效率的考虑，对于后续情境的实例构建，应该限制在一定的时间跨度范围或任务跨度范围内，并且可能需要限定在一些指定的项目任务上(如关键路径上的任务)。可见，根据项目知识接收者参与项目知识活动的多少，其当前情境模型和后续情境模型中可能包含一个或多个项目知识情境个体/实例。

表 5-2　项目知识活动的场景与情境实例构建

项目知识活动场景	时间轴	项目活动参与者	项目知识活动情境类
产生/获取	当前情境	创建/获取者	类 ProjectKnowledgeCorH
存储	当前情境	保管/更新者	类 ProjectKnowledgeStorage
共享/传递	当前情境	发送者	类 ProjectKnowledgeShare
	当前情境	接收者	
	后续情境	应用者	
应用	当前情境	应用者	类 ProjectKnowledgeUsage

项目知识情境实例的构建实际上是建立了项目知识活动参与者的当前情境或后续情境的模型，它和项目知识的推荐过程密不可分。在后文中，将各类"情境实例的构建过程"简称为"情境建模"。下文将对上述不同场景中的项目知识情境建模与项目知识推荐的算法过程进行讨论。

5.3.1　项目知识产生/获取活动情境建模与推荐算法

在进行项目知识产生/获取活动时，活动的参与者主要是项目知识创建/获取者，需要选取类 ProjectKnowledgeCorH 根据参与者所处情境的数据构建情境实例（即建模）。该活动中所进行的项目知识推荐主要是将当前情境实例和历史情境库中的实例进行比较，从而可以：检查是否有类似的项目知识已经存在，防止出现重复的知识；通过查看相关的项目知识，改进当前创建/获取的项目知识。但是，在该活动中，对后续情境并没有明显的影响，因此项目知识产生/获取活动建模暂不考虑后续情境。

项目知识产生/获取活动的情境建模和项目知识推荐的算法描述如下。

算法：PKR-CorH

输入：D_{CH}（项目知识产生/获取活动的情境数据<context data>）

　　　PK_{CH}（需要产生/获取的项目知识）

　　　SIM_{CH}（相似度要求）

　　　P_{CH}（相似度计算参数集）

输出：I_{CH}（该项目知识产生/获取活动的情境实例<context instance>）

　　　$PKRL_{CH}$（推荐的相关项目知识清单）

步骤 1：将 PK_{CH} 和项目知识元库中的项目知识实例 IPK（Instance of Project Knowledge）进行比较；

若有相同的项目知识存在，则返回重复提示并结束算法。

步骤 2：根据输入的 D_{CH} 和 PK_{CH}，构建类 ProjectKnowledgeCorH 的实例 I_{CH}。

步骤 3：将 I_{CH} 和历史情境库中的项目知识产生/获取活动情境实例 HI_{CH} 进行比较，即采用相似度计算参数集 P_{CH}，根据式(5-21)计算彼此的项目知识情境相似度 SIM；若有相同的项目知识产生/获取情境实例存在，则返回重复提示并结束算法。

步骤 4：根据相似度的约束条件 SIM_{CH}，得到排序的相似历史情境实例清单 $ListOfHI_{CH}$。

步骤 5：根据 $ListOfHI_{CH}$ 清单检索出对应的项目知识，形成需要推荐给当前项目知识创建/获取活动参与者的相关项目知识清单 $PKRL_{CH}$。

项目知识产生/获取活动中所推荐的项目知识集可以用于对刚创建/获取的项目知识进行对比检视，发现当前项目知识中存在的缺失，从而可以对该项目知识后续的更新、共享以及应用提供参考资料。

5.3.2　项目知识存储活动情境建模与推荐算法

项目知识存储活动的参与者主要是项目知识保管者和项目知识更新者，需要选取类 ProjectKnowledgeStorage 根据活动的参与者所处情境的数据生成实例。在建模时，和项目知识产生/获取活动的过程类似，主要是将当前情境实例和历史情境库中的实例进行比较，不考虑后续情境。

项目知识存储活动的情境建模和项目知识推荐的算法描述如下。

算法：PKR-S

输入：D_S(项目知识存储活动的情境数据)

　　　PK_S(需要存储的项目知识)

　　　SIM_S(相似度要求)

　　　P_S(相似度计算参数集)

输出：I_S(该项目知识存储活动的情境实例)

　　　$PKRL_S$(推荐的相关项目知识清单)

步骤 1：将 PK_S 和项目知识元库中的项目知识实例 IPK 进行比较；若有相同的项目知识存在，则返回重复提示并结束算法。

步骤 2：根据输入的 D_S 和 PK_S，构建类 ProjectKnowledgeStorage 的实例 I_S。

步骤 3：将 I_S 和历史情境库中的项目知识存储活动情境实例 HI_S 进行比较，采用相似度计算参数集 P_S，根据式(5-21)计算项目知识情境相似度 SIM；若有相同的项目知识存储情境实例存在，返回重复提示并结束算法。

步骤 4：根据相似度的约束条件 SIM_S，得到排序的相似历史情境实例清单 $ListOfHI_S$。

步骤 5：根据该清单检索出对应的项目知识，形成需要推荐给当前项目知识存储活动参与者的相关项目知识清单 $PKRL_S$。

项目知识存储活动中所推荐的项目知识集可以用于对需要存储的项目知识进行核查，发现当前知识内容中存在的问题/不足，从而可以对该项目知识后续的修改、共享、应用活动提供帮助。

5.3.3 项目知识共享/传递活动情境建模与推荐算法

项目知识共享/传递活动是项目知识推荐中最重要的活动。在进行项目知识共享/传递活动时，参与者主要是项目知识发送者(可以是项目成员也可以是信息系统)和项目知识接收者，需要选取类 ProjectKnowledgeShare 根据活动参与者所处情境的数据生成实例。前面的项目知识产生/获取、存储活动的情境建模实际上都是事后建模，即当项目知识产生/获取、更新活动发生以后才进行记录。而项目知识共享/传递活动的建模和计算方式与前者不同。对于推荐系统来讲，由于需要找出适合共享传递的项目知识，因此更多的是在项目知识共享/传递活动实际发生之前进行建模，而且需要对类 ProjectKnowledgeShare 的 hasPKSending 属性组(项目知识发送者)和 hasPKReceiving 属性组(项目知识接收者)分别分步建模。

项目知识共享/传递活动的情境建模和项目知识推荐的算法描述如下。

1. 基于当前情境的项目知识共享/传递活动情境建模与推荐过程

算法：PKR-T-N

输入：D_{T-N}(项目知识共享/传递活动的当前情境数据)
　　　SIM_{T-N}(相似度要求)
　　　P_{T-N}(相似度计算参数集)

输出：I_{T-N}(该项目知识共享/传递活动的当前情境实例)
　　　$PKRL_{T-N}$(推荐的相关项目知识清单)

步骤 1：根据输入的 D_{T-N}，针对当前项目工作活动中的项目知识接收者(简单起见，只针对单一项目成员，在项目信息系统中也可针对当前登录操作者)，构建类 ProjectKnowledgeShare 中的 hasPKReceiving 属性组部分实例 I_{T-R}。

步骤 2：从历史情境库中，根据相似度要求 SIM_{T-N} 和计算参数 P_{T-N}，通过式(5-21)计算情境相似度 SIM，寻找出和实例 I_{T-R} 类似的历史属性组实例清单 $ListOfHI_{T-R\&U}$，检索范围包括类 ProjectKnowledgeShare 的历史实例的 hasPKReceiving 属性组 HI_{T-R} 以及类 ProjectKnowledgeUsage 的历史实例的 hasPKUsageInfo 属性组 HI_{T-U}(这两个属性组虽然在不同的类中定义并且属性名称不同，但是它们的属性结构与数据类型是相符的)。

步骤 3：根据选出的历史属性组实例清单 $ListOfHI_{T-R\&U}$ 检索出与其关联的项

目知识元，并根据对应的情境相似度大小排序，作为要推荐的当前情境的 $PKRL_{T-N}$（即在类似历史情境中的项目成员收到或使用了什么知识，那么当前情境中的项目知识接收者可能就需要该类知识）。

步骤 4：从类 ProjectKnowledgeStorage 的实例中检索出 $PKRL_{T-N}$ 中各项目知识的保管者及其相关信息（即以项目知识保管者作为默认的项目知识发送者），构建类 ProjectKnowledgeShare 中的 hasPKSending 属性组部分实例集 I_{T-S}（该部分实例数量和 $PKRL_{T-N}$ 中项目知识的数量相同）。

步骤 5：将 $PKRL_{T-N}$ 中各项目知识 PK 和步骤 1 中的实例 I_{T-R} 以及步骤 4 中的实例集 I_{T-S} 结合，针对每个项目知识构建出完整的类 ProjectKnowledgeShare 的实例集（其中包含一个或多个实例）。

基于当前情境的项目知识共享/传递活动中所推荐的项目知识集可以用于项目知识接收者对当前工作内容的理解与执行。

2. 基于后续情境的项目知识共享/传递活动建模与推荐过程

考虑后续情境的情况下，需要对当前项目知识接收者在后续将要发生的情境进行描述。因此，相比当前情境，其算法的不同是首先要对后续情境进行选取，根据项目要求，可能选择一个或多个后续情境。为简化算法，本书只考虑了当前项目的后续情境，同步进行的项目、后续进行的项目中的相关后续情境没有纳入考量。

算法：PKR-T-F

输入：Plan-F（当前项目的后续计划，包括进度、资源、组织等）

P_F（后续情境的选择参数，如时间跨度、关键任务、参与角色等）

SIM_{T-F}（相似度要求）

P_{T-F}（相似度计算参数集）

输出：I_{T-F} 集（该项目知识共享/传递活动的后续情境实例集）

$PKRL_{T-F}$（推荐的相关项目知识清单）

步骤 1：根据项目后续计划 Plan-F、后续情境的选择参数 P_F 等信息，选择与当前项目工作活动中的项目知识接收者有关联的后续情境，形成当前项目知识活动的后续情境数据集（即有多个后续情境），并根据参数设置对后续情境重要性进行排序（时间越靠近、成本越高等）。

步骤 2：针对每一个后续情境数据 D_{T-F} 和当前项目工作活动中的项目知识接收者（只针对单一项目成员），采取和当前情境下的算法 PKR-T-N 相同的步骤（即 PKR-T-N 中的步骤 1 到步骤 5）产生该后续情境中的项目知识共享/传递活动实例 I_{T-F} 和该后续情境所需要的 PKRL。

步骤 3：在遍历完后续情境数据集后，再根据后续情境的重要性排序，对所产生的 PKRL 进行合并排序，得到当前项目知识活动后续情境所需的 $PKRL_{T-F}$。

基于后续情境的建模与推荐过程中所产生的情境实例实际上是针对后续的项目工作与项目知识应用活动(在后续的项目工作上会产生对应的项目知识应用活动),所推荐的项目知识集利用项目知识接收者对未来即将发生的工作内容的理解与执行,从而可以提前做好项目知识储备。

5.3.4 项目知识应用活动情境建模与推荐算法

在进行项目知识应用活动时,参与者主要是应用项目知识的项目成员,需要选取类 ProjectKnowledgeUsage 根据活动参与者所处情境的数据生成实例。前面的项目知识共享/传递活动主要是为项目成员提供未知的项目知识,而项目知识应用活动则主要是项目成员应用已有的项目知识来解决工作中遇到的问题。其关键是根据项目成员的经历和项目知识共享历史,把相关项目知识寻找出来,提示项目成员应用。

项目知识应用活动的情境建模和项目知识推荐的算法描述如下。

算法:PKR-U

输入:D_U(项目知识应用活动的情境数据)

SIM_U(相似度要求)

P_U(相似度计算参数集)

输出:I_U(该项目知识应用活动的情境实例)

$PKRL_U$(推荐的相关项目知识清单)

PK_U(实际应用的项目知识)

步骤 1:根据输入的 D_U,针对当前项目工作活动中的项目成员(同前,只针对单一项目成员,在项目信息系统中也可针对当前登录操作者),构建类 ProjectKnowledgeUsage 中的 hasPKUsageInfo 属性组部分实例 I_U。

步骤 2:从历史情境库中,根据相似度要求 SIM_U 和计算参数 P_U,通过式(5-21)计算情境相似度 SIM,寻找出和实例 I_U 类似的历史属性组实例清单 $ListOfHI_{U\&R}$,检索范围包括类 ProjectKnowledgeUsage 的历史实例的 hasPKUsageInfo 属性组 HI_U 和类 ProjectKnowledgeShare 的历史实例的 hasPKReceiving 属性组 $HI_{T\text{-}R}$(即在类似历史情境中的项目成员使用或收到了什么知识,那么当前情境中的项目成员可能就会应用该类知识,为缩小检索范围,限定为同一项目成员的历史情境实例)。

步骤 3:根据选出的历史属性组实例清单 $ListOfHI_{U\&R}$ 检索出与其关联的项目知识元,并根据对应的情境相似度排序,作为要推荐的当前情境的 $PKRL_U$。

步骤 4:在项目成员实际应用了项目知识 PK_U,并对其进行评价后,将相关信息与已形成的部分实例 I_U 结合,针对每个被应用的项目知识构建出完整的类 ProjectKnowledgeUsage 实例集 I_U(其中包含一个或多个实例)并存储。

项目知识应用活动中所推荐的项目知识集可以用于对项目成员的知识应用进行提示，同时，通过对该知识的应用情况的反馈，可以使项目知识管理者更清楚地了解项目知识在组织中传播与应用的情况，也可以了解项目知识中存在的问题，可以有针对性地更新、更换项目知识。

5.4 考虑知识情境的项目知识推荐系统原型

在项目运作时，项目管理者需要把分散在各个项目成员和项目团队中的知识更加有效地整合和利用起来[7]，同时注意引入外部知识，进而根据项目活动要求，向项目成员提供相应的项目知识。通过把各种个性化的项目知识共享行为制度化，可以帮助员工与其他人共享知识，进而企业可以确保员工之间的项目知识共享不仅仅是简单地碰巧为之，而是更加有系统、有效率地进行[7,12,13]。项目知识推荐系统正是一个有效的为项目知识共享行为制度化服务的工具。

5.4.1 系统功能架构

本书根据所提出的项目知识情境表示方法和推荐方法，设计了基于知识情境的项目知识推荐系统原型，主要包括四个功能。

(1) 项目知识库。用于存储项目知识元与项目知识情境实例。

(2) 项目知识情境本体编辑。用于根据本书设计的基于本体的项目知识情境表示方法，构建项目知识情境本体类，也可以查看相关的项目知识情境实例。

(3) 项目知识情境匹配。用于根据项目知识情境本体类，采用本书设计的项目知识情境建模与推荐算法，进行项目知识情境的匹配，推荐相关知识。

(4) 项目知识情境检索。用于根据项目知识或项目情境特征值，检索出对应的项目知识情境，便于对项目知识的理解。

该推荐系统原型是作为一个模块嵌入到常用的项目管理信息系统中的。整个系统的功能框架如图 5-5 所示。

在项目管理信息系统中包含四个模块，除了项目知识推荐模块，其他三个是常见的项目信息管理模块，内容如下。

(1) 项目基础信息模块。主要用于录入编辑基本的项目基本信息、项目团队信息、项目人员信息、项目物资信息(包括材料、设施、设备等)。

(2) 项目计划信息模块。主要用于编制项目的 WBS、创建时间进度计划和资源配置计划。

(3) 项目跟踪信息模块。主要用于记录项目任务的时间进度、资源使用，以及编制项目过程中产生的各类文档。

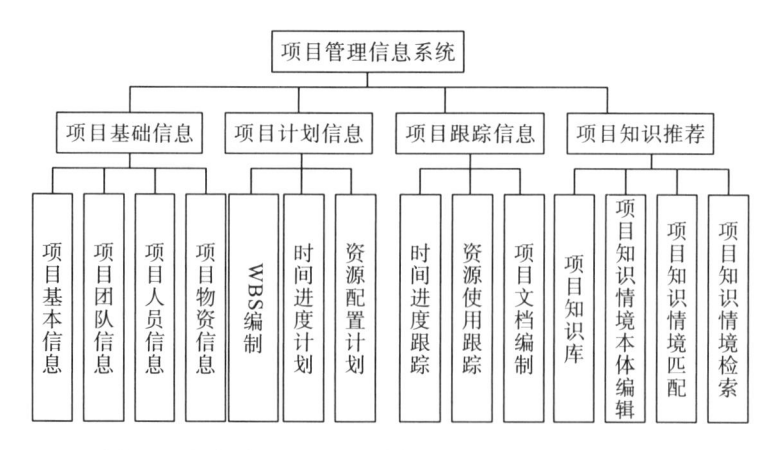

图 5-5　包含项目知识推荐功能的项目管理信息系统框架

5.4.2　基于案例数据的系统运行验证

系统验证(validation)对于信息系统的设计、开发和实施是非常重要的。尤其是针对决策支持类的信息系统，通过验证可以更深入地了解该系统，可以测定系统构建的理论基础以及特定的作用领域[305]。当然，针对所设计系统的验证并非是要证明这个系统真实地描绘了现实世界[306]，因为就现在的技术而言基本上还不可能(尤其是目前计算机系统还缺乏对项目知识与情境智能化的记载、识别和理解)。因此，本部分主要验证所设计的方法是否可以阐释项目知识情境与项目知识推荐领域中的实体关系，并通过一个可以接受的表现形式展现这些关系。

1. 开发工具选择

1) 本体开发工具

本书采用 Protégé 软件来构建项目知识情境本体。Protégé 软件是斯坦福大学医学院的生物医学信息研究中心开发的本体编辑器。它是一个基于 Java 开发的开源软件，并提供了简单明了的图形操作界面，因此，在本体研究和应用中使用广泛。

2) 系统开发工具

本书的系统原型采用 Java 作为编程语言，基于 JDK1.7 及以上版本；使用 Java 开发中最流行的集成开发环境——Eclipse 作为系统原型的集成开发工具。

3) 数据库工具

本书采用 PostgreSQL 作为项目数据库管理工具。PostgreSQL 是一个开源的数据库管理系统，较为成熟且功能丰富。

4) 系统技术架构

本书系统原型的技术架构如下。

(1) 数据库层：PostgreSQL。

(2) 数据访问对象(DAO)层：EclipseLink(实现了 JPA 规范)。

(3) 界面(UI)展现层：Vaadin+D3。

其中，JPA(Java persistence API)是一个 Java EE 的标准，主要用于实现面向对象的关系数据库开发，EclipseLink 实现了这个标准，提供了一套完整的开源对象关系、XML、数据库网络服务；Vaadin 是在 Google GWT(google web toolkit)的基础上发展出来的用户界面组件，实现了通过 Java 代码完成 Web 页面功能；D3(data-driven documents)是基于 SVG(scalable vector graphics，可缩放矢量图形)标准的一个 JavaScript 库，用于进行 OWL 的展现及交互式操作，可以克服 Vaadin 在处理可交互式的数据绘图方面的不足[307]。

上述开发工具及项目框架全部采用开源软件，扩展性佳，对商业应用友好。

2. 案例背景假设

本案例假设有一个 X 软件开发有限公司(简称 X 公司)，是一家从事于软件开发服务和提供软件系统解决方案的机构。X 公司在企业管理软件、电子商务等领域有着丰富的软件系统开发和实施经验。经过多年的积累与发展，X 公司拥有了一支由计算机软件专家和管理业务专家共同组成的一流的研发队伍，成功地开发了"OA 系统软件""企业运作信息管理系统""数据仓库管理系统"等专业管理软件。X 公司开发的这一系列管理软件已经赢得了各地用户的好评，客户拥有量和市场占有率迅速扩大，由此公司的研发、售前、售后服务队伍也不断壮大。

在市场竞争日益激烈的背景之下，企业需要为客户提供定制化的服务。X 公司在为客户企业进行软件实施前，均会针对客户的实际业务情况，对自己提供的软件产品进行二次开发，增加、调整软件功能模块与流程，以便更贴切地满足客户的业务需求。由此，X 公司中有着很多的软件开发与实施项目，有的已经完成，有的正在进行，有的即将开始。显然，X 公司中的项目管理者以及项目成员面临着如何迅速有效地共享项目知识的问题，急需一套更为专业化的项目知识管理系统来提高项目知识共享的效率。

3. 案例数据说明

本案例采用通用的项目管理软件 Microsoft Project 自带的项目模板数据，结合收集的一些企业项目运作的实际数据来构建本系统的案例项目数据库。

本案例选择项目文件名为"Software development"的模板作为系统原型使用的主要案例项目。案例项目文件主要是针对软件公司开发软件项目而编制，其管理过程共由十个阶段组成，在每个阶段都需要完成一定的任务和目标。这些工作阶段包括范围管理、软件需求分析、软件设计、软件开发、软件测试、软件培训、软件文档编制、软件试运行、软件部署、发布与实施审核。每个阶段都会产生一些项目文档，作为该项目的项目知识保存进项目知识库，同时存储对应的项目知识活动情境实例。本案例中通过模拟推进、跟踪多个类似的软件开发项目，收集了多个软件开发项目的历史数据。

案例项目中还包括其他一些有用的信息数据，主要有项目的基本信息(包括项目名称、项目开始时间、项目结束时间、项目工期、项目成本预算等)、每项任务的基本信息(包括任务名称、任务开始时间、任务结束时间、任务工期、任务 WBS、任务成本预算、任务前置任务关系等)。同时，由于所收集的项目文件中的数据不完整，尤其是人员的相关信息比较缺乏，本系统在导入数据前也根据需求对项目数据进行了补充与完善，包括项目需要用到的人员、设备、设施和材料等资源信息，并对这些资源进行了基本属性的设置，然后根据项目的开展情况将这些资源信息分配到对应的任务上。其中，对项目成员还增加了一些重要的属性，主要包括该人员的学历信息、培训经验和工作经验等情况。通过参考实际项目参与人员的简历对这些数据进行了完善，这些信息可以为以后项目人员的分配提供一定的参考(出于数据隐私保护的要求，案例数据中的组织、人名、经历等数据均做了替换调整处理)。此外，还为案例项目的开展构建了项目组织、职位、项目团队以及角色等数据信息，并根据该项目的目标和范围等情况，对这些数据进行了调整、设计。

4. 案例本体构建

本书采用 Protégé 软件，根据本书设计的项目知识情境框架，构建了项目知识情境本体，包含了在第 4 章中所构建的各个项目知识情境的基本组件和项目知识活动的情境类，如图 5-6 所示[①]。

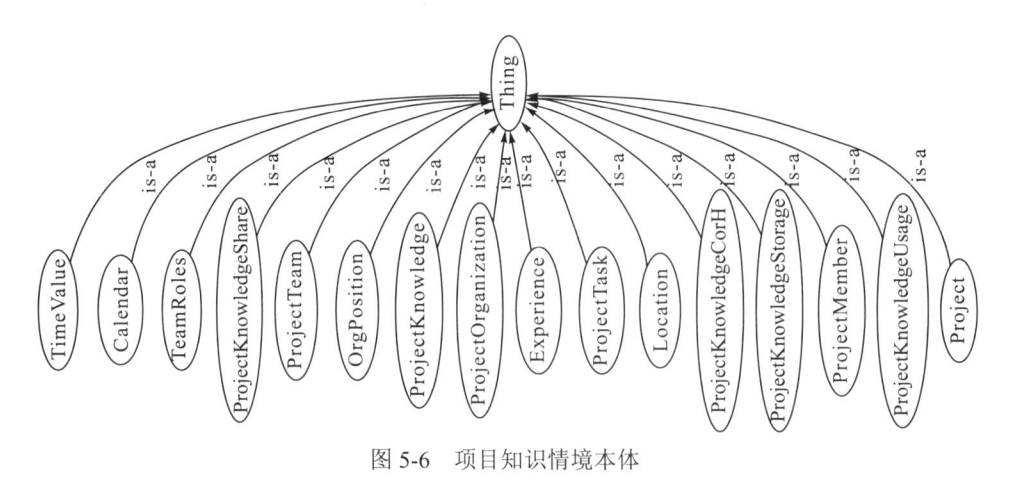

图 5-6　项目知识情境本体

---

① 本章图中的各个类的中文名称参见第 4 章中的表格。

第 5 章　基于知识情境的项目知识推荐方法研究

下文列举了其中的一些类及其实例。

1) 项目知识类及其实例

图 5-7 中间是案例项目中所包含的项目知识"ProjectKnowledge"类，案例项目中所有的项目知识被定义为该类的实例，分布在周围，包括项目范围说明书、项目需求说明书等。

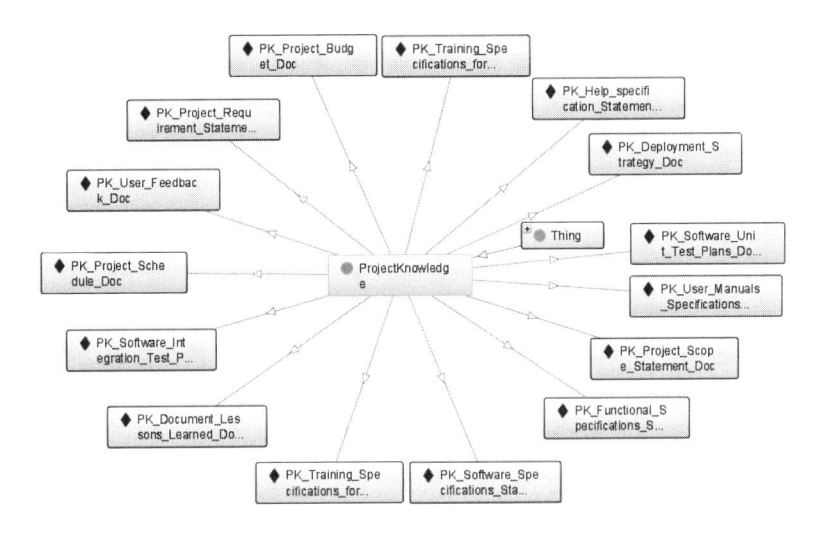

图 5-7　项目知识类及其实例

2) 项目任务类及其实例

项目任务"ProjectTask"类包含案例项目中所有的项目任务实例。图 5-8(a) 中是项目任务"3.3_ Develop prototype based on functional specifications"的属性关系展开图。其中，图 5-8(a) 中，该工作与项目中其他类和实例节点由颜色深浅不同的箭头进行关系连接，图 5-8(b) 中的图例解释了不同的箭头所代表的关系类型。

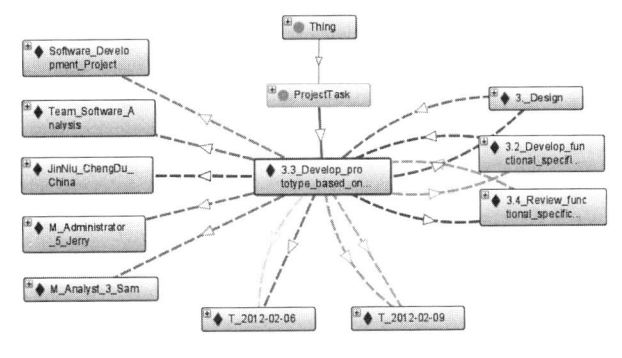

(a)项目任务属性关系示例

(b) 关系线条图例

图 5-8　项目任务属性关系示例与图例

3) 项目团队类及其实例

图 5-9 中间是案例项目中所包含的项目团队 "ProjectTeam" 类，案例项目中所有的项目团队都是该类的实例，分布在其周围，包括软件分析团队、软件开发团队等。

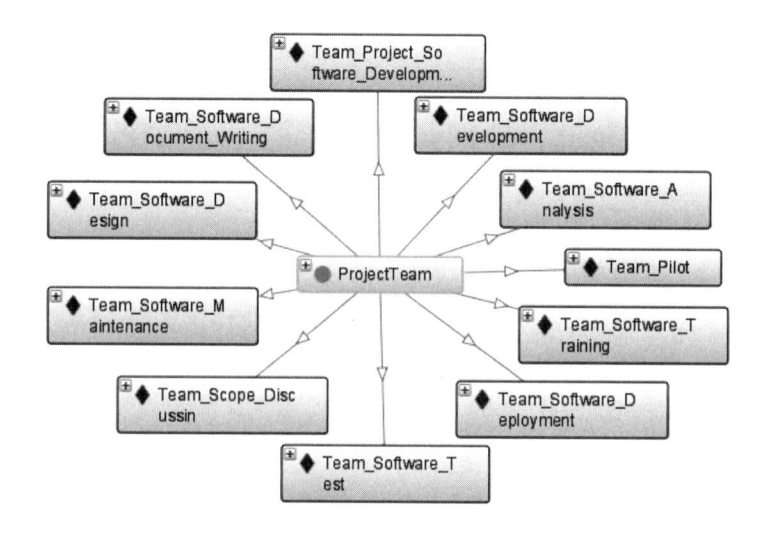

图 5-9　项目团队类及其实例

图 5-10 是图 5-9 中的"Software Document Writing"团队的关系展开图。其中，该团队与项目中其他实例节点之间由颜色深浅不同的箭头进行关系连接。

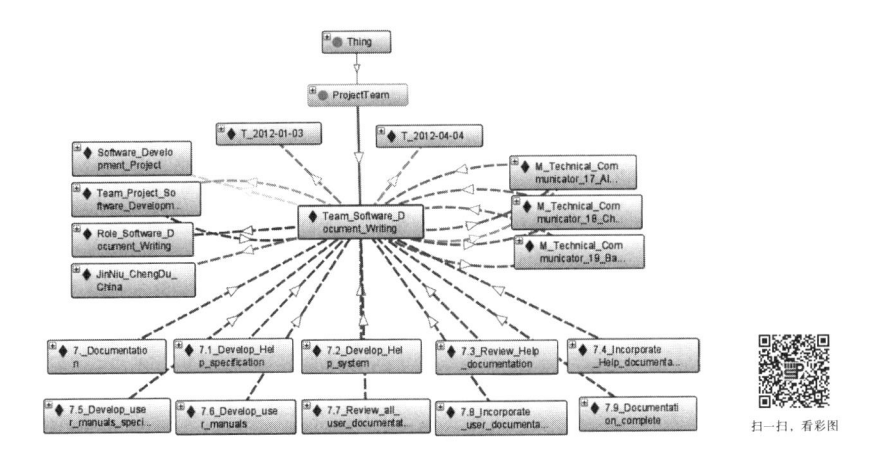

图 5-10　项目团队属性关系示例

4) 项目成员类及其实例

图 5-11 中间是案例项目中所包含的项目成员"PojectMember"类的一个实例——"M_Technical Communicator_17_Allen"，周围是该项目成员实例的属性关系展开图。

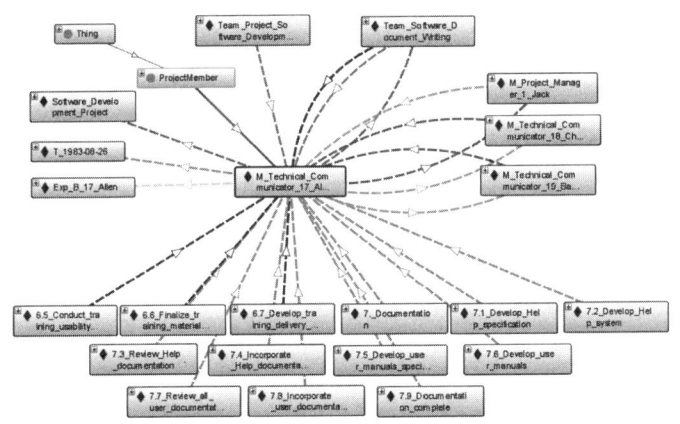

图 5-11　项目成员属性关系示例

5) 项目知识情境类及其实例

图 5-12 的中间是案例项目中所包含的项目知识共享活动情境"Project KnowledgeShare"类，案例项目中所有的项目知识共享活动情境都是该类的实例，分布在其周围，包括软件规范说明共享、软件功能说明书共享等。

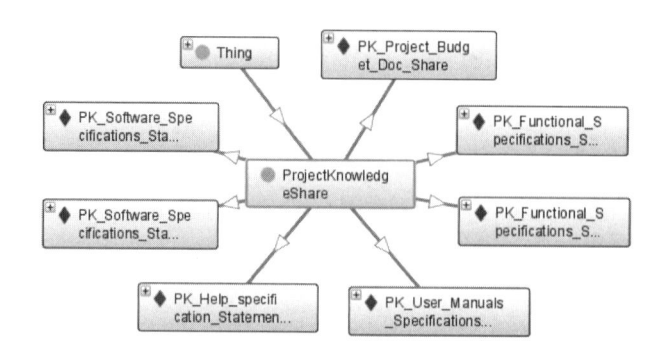

图 5-12　项目知识共享活动情境类及其实例

图 5-13 是图 5-12 中的"PK_Software Specifications Statement Doc_Share_1"项目知识共享情境的关系展开图。其中，该项目知识共享情境与项目中的其他实例节点之间由颜色深浅不同的箭头进行关系连接。

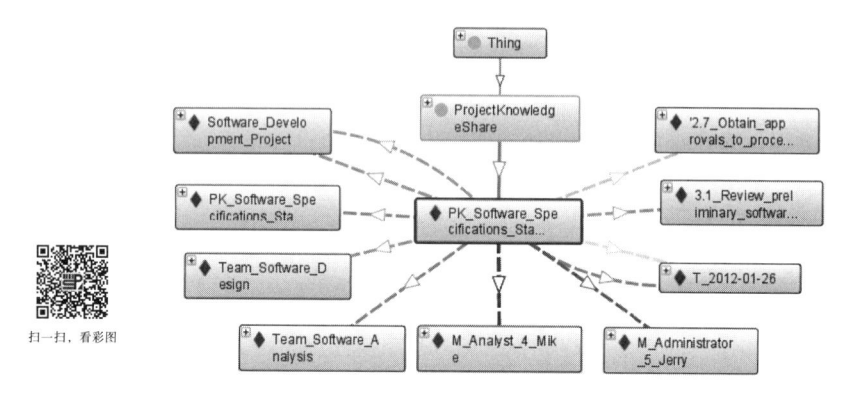

图 5-13　项目知识共享活动情境属性关系示例

其余类型的项目知识活动情境类和示例的形式与图 5-12 和图 5-13 相似，在此不再一一列举。

5. 推荐系统展示

本书所设计的推荐系统原型的主界面如图 5-14 所示。该界面根据功能划分为四个部分。

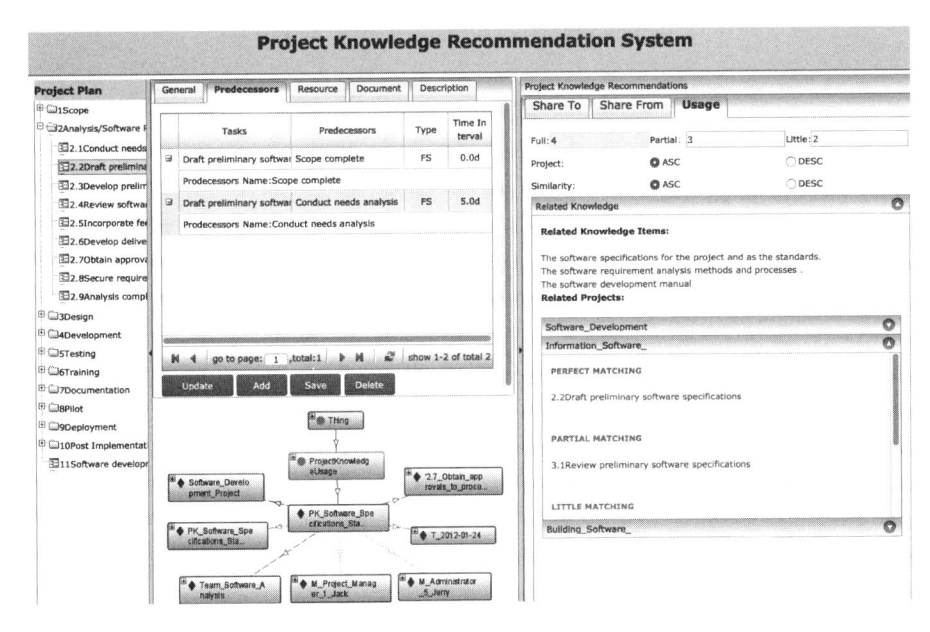

图 5-14　系统主界面布局

第一部分为左侧的项目 WBS 导航。该部分以树状形式，列出被选中项目中的所有任务，这些任务以分级分层的样式给出。

第二部分为中间的任务信息面板。当左侧选中任务时，该任务的具体信息将会在此显示，包括任务的概述信息(任务的名称、计划开始时间和计划结束时间、任务的描述等)、前置任务列表、所涉及的资源(包含人员、材料、设备、设施等)、任务相关的文档、任务的说明等。

第三部分为右侧的推荐信息栏。当左侧 WBS 列表中选定任务时，将会根据本书所设计的推荐算法，计算情境相似性，匹配给出在该任务情境下的相关推荐信息。图 5-14 中显示的是当前可用的项目知识。推荐信息栏上半部分为推荐相关任务的参数设置，下半部分包括完全匹配、部分匹配和最小匹配推荐结果。推荐结果内容包括项目知识清单和相关项目、任务清单，按照项目进行组织，点击后可以查看。

第四部分为中间下方的项目知识情境关系图。该部分会根据对推荐信息栏中项目知识的选择情况，显示出对应项目知识的知识情境关系信息，通过本体关系的形式展现出来。

在右侧的推荐信息栏中包含三个不同的表单页面"Share To""Share From""Usage"。其中：

"Usage"页面主要用于对可用知识的推荐提示。

"Share To"页面用于帮助项目知识工作者把知识推荐给相关的项目团队、项目成员，如图 5-15 所示。

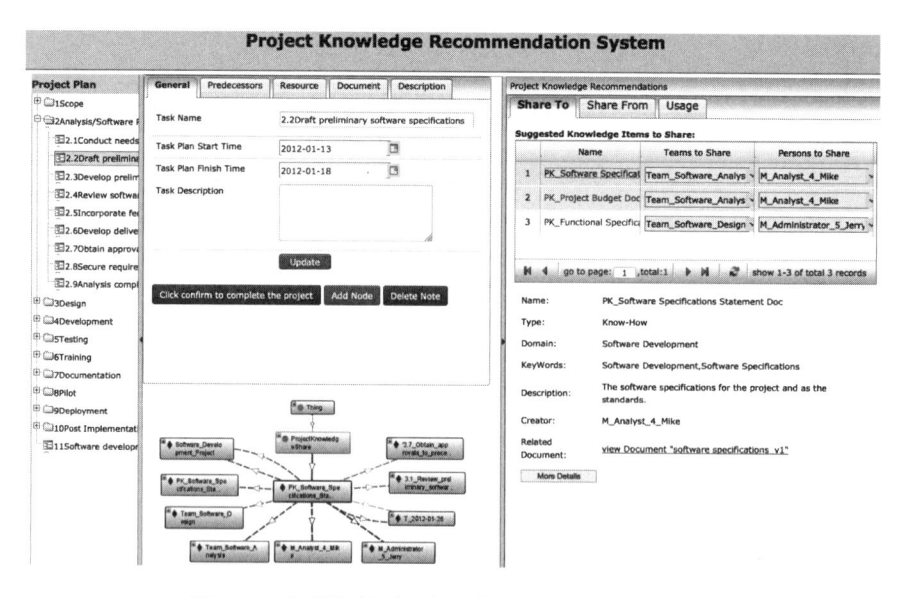

图 5-15 把所知的项目知识推荐给相关团队、成员

"Share From"页面则用于根据系统使用者的当前情境和后续情境推荐相关的项目知识，如图 5-16 所示。在"Share From"页面的上半部分，推荐出了当前情境中可以用到的项目知识，并说明该知识来自哪个团队、哪个项目成员，从而使得项目知识接收者可以向其咨询；在"Share From"页面的下半部分，则列举了后续工作中需要用到的项目知识推荐清单，点击进去后会得到详细的项目知识描述，系统使用者可以根据需要提前了解、学习这些知识。

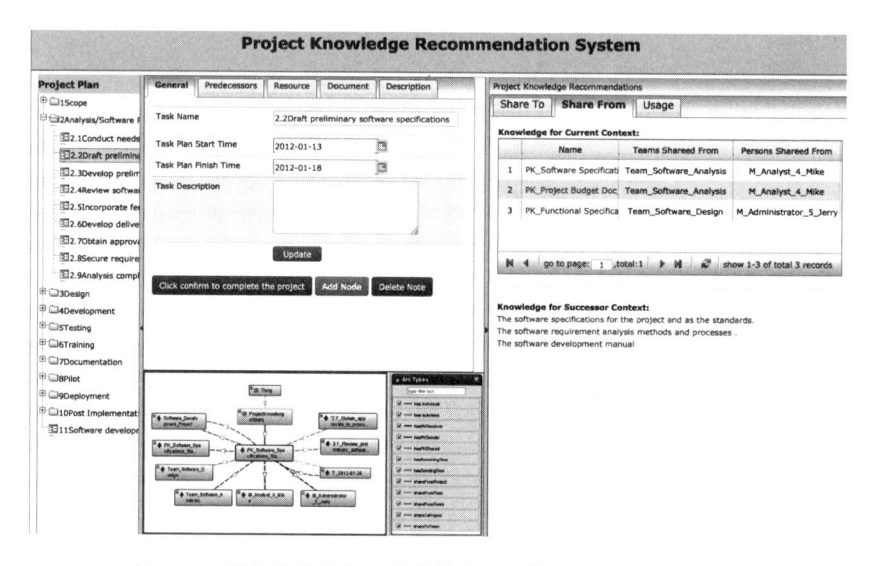

图 5-16 系统推荐的与当前情境和后续情境有关的项目知识

通过上述基于知识情境的项目知识推荐系统，项目成员在制订项目工作计划、跟踪项目进度时，可以同时看到系统自动推荐的相关项目知识。这些项目知识是和项目成员当前参与的项目工作以及后续即将参与的项目工作相关的，并且在进行推荐的时候考虑了项目成员的知识背景、在项目中的角色、组织团队关系等情境信息。同时，所推荐出来的项目知识并不是只提供了项目知识自身的内容，还提供了项目知识相关的情境信息，并通过项目知识情境本体情境关系图的形式展现出来，使项目成员可以更准确、更深入地理解该项目知识。

5.5 本 章 小 结

本章针对项目知识情境在时间轴上的不同划分进行了讨论，设计了考虑当前情境、后续情境和历史情境的项目知识推荐框架结构，阐明了基于知识情境的项目知识推荐的过程。

本章根据本体匹配的基本过程与方法，提出了针对项目知识情境不同内容维度的相似度计算方法，并针对各类的项目知识活动，设计了不同场景下的项目知识情境实例构建与推荐算法。

最后，本章设计了基于知识情境的项目知识推荐系统的功能架构，选取 Java 开发平台和 Protégé 本体编辑工具构建了所设计的系统原型，通过项目案例数据和系统原型，验证了本书所设计的基于知识情境的项目知识表示与推荐方法的可行性与可用性。

第6章 总结与展望

本书针对项目知识管理中知识共享与重用的难题——项目知识表示与推荐问题进行了讨论。进行有效的项目知识共享与重用,需要对项目知识情境有深入的理解,为此,本书分析了项目知识情境的内容构成,对基于知识情境的项目知识表示与推荐进行了研究探索。本书的研究成果、创新之处及不足概括如下。

1. 在理论发展方面

(1)比较全面地界定了组织情境及项目知识情境的构成要素。本书通过大量的文献分析,首先界定了组织情境及其构成要素。在此基础上,根据项目知识活动的生命周期,界定了项目知识活动的情境因素,分析了项目知识产生/获取情境、项目知识存储情境、项目知识共享/传递情境以及项目知识应用情境的内容构成,为相关研究与应用提供了参考框架。

(2)发展了基于知识情境的项目知识表示方法。本书根据本体知识表示的基础方法和 OWL 语言,发展出了基于本体的项目知识情境表示的基础方法,并结合项目管理的特点,设计了基于本体的项目知识情境表示框架,可用于描述项目知识的情境属性特征,使项目知识与其产生/获取、存储、共享/传递与应用的情境信息整合起来,从而为项目知识的精确描述、准确理解提供了基础方法。

(3)提出了基于知识情境的项目知识推荐方法。本书设计了基于知识情境的项目知识推荐框架,提出了项目知识情境相似度的计算方法,通过在推荐过程中考虑对项目知识情境的匹配,构建了不同项目知识活动场景下基于知识情境的项目知识推荐算法,使得项目知识推荐系统具备了情境敏感的特性,为提高推荐结果的准确性和项目知识的个性化传递提供了有效的实现途径。

2. 在应用推广方面

(1)拓展了传统推荐系统的推荐标的和应用对象。本书将推荐系统的推荐标的从传统的产品转变为知识,尤其是项目知识,拓展了推荐系统标的的范畴。同时,传统的推荐系统研究面向客户/消费者的产品推荐,本书将推荐系统引入到企业组织的项目管理业务中,面向项目成员进行项目知识推荐,拓展并实现对推荐系统的新领域应用。

(2)引入了新的项目知识学习途径,即考虑知识情境的项目知识学习。在传统的项目知识学习中,项目成员缺乏方法与工具帮助其对项目知识情境进行深入的了解,本书研究的基于知识情境的项目知识表示与推荐方法和工具将使项目成员

第6章 总结与展望

在进行项目知识学习时可以方便地获知详细的相关项目知识情境,可以依据情境特征检索项目知识,从而促进项目成员对项目知识的理解,提高项目知识学习的效率和效果,为项目知识学习提供了新的途径。

需要注意的是,项目组织的知识管理需要组织制度、组织文化和技术手段等多方面协调一致,才能实现有效的知识共享。本书的研究论述主要涉及其中的技术手段方面。

3. 研究中存在的不足

本书的研究中还存在许多不足的地方,如所列举的项目知识情境构成要素并没有涵盖所有的情境因素,尚有缺失,由此,所设计的项目知识情境表示框架的内容还需持续完善;在设计项目知识推荐算法时,对于大规模的项目知识情境检索,算法的计算效率可能会下降,需要进行调优;在进行项目知识推荐时,尚未考虑项目知识所有者的知识共享意愿,对推荐内容的保密性还缺乏考虑;本书中的方法、框架整体设计上是针对同一企业组织中的项目内和项目间的项目知识共享,还没有涉及不同企业组织的项目知识共享,等等。

此外,本书所研究的项目知识整体来讲属于显性的项目知识,重点是研究在项目管理信息系统中存储的"基于信息系统的项目知识",包括结构化的项目工作数据和非结构化的项目文档(参见4.2.2小节的"工作数据"与"文档")。本书所设计的方法可以表示上述项目工作数据和项目文档中存在的项目知识,但是对于如何从非结构化的项目文档以及其他非结构化的项目知识中提取出结构化的项目知识,以及如何将隐性的项目知识演变为显性的项目知识,都尚未涉及,将在以后的工作中进一步研究讨论。

在本书研究过程中还发现,不管是在项目管理还是在一般的企业管理中,知识工作者在阐述知识的时候,往往没有把相关的情境因素阐释清楚,也没有存储完备的情境信息,主要原因是:①在知识产生的过程中,知识记录者对于情境因素在未来会有助于理解、传递知识尚缺乏认知,忽视了对情境因素的记录;②相关的情境因素很多,不可能全部记录,因此对于某个或某类知识,哪些情境因素必须记录,哪些情境因素会因场景需求不同而选择性记录,尚需要鉴别;③把详细的情境因素及时整理记录下来,需要大量人力、物力、财力,尤其是如果全部依靠人力去分析、记录情境因素,必然会大大增加知识工作者的负担,但是目前还缺乏有效的工具协助知识工作者自动地把与知识相关的情境因素提取、记录下来;④知识与情境、情境与情境之间存在着错综复杂的关系,可以在知识空间中形成有多个概念分层的多维数据晶格,从多个角度、多个维度去观察才能深刻理解它们,目前也缺乏有效的工具来清晰地展现知识、情境彼此之间的关系。这些问题都有待在以后的研究中进一步探讨。

参 考 文 献

[1] Desouza K C, Evaristo J R. Managing knowledge in distributed projects[J]. Communications of the ACM, 2004, 47(4): 87-91.

[2] van Donk D P, Riezebos J. Exploring the knowledge inventory in project-based organisations: a case study[J]. International Journal of Project Management, 2005, 23(1): 75-83.

[3] Almeida M V, Soares A L. Knowledge sharing in project-based organizations: overcoming the informational limbo[J]. International Journal of Information Management, 2014, 34(6): 770-779.

[4] Davenport T H, Glaser J. Just-in-time-delivery comes to knowledge management[J]. Harvard Business Review, 2002, 80(7): 107-111.

[5] Love P E D, Edum-Fotwe F, Irani Z. Management of knowledge in project environments[J]. International Journal of Project Management, 2003, 21(3): 155-156.

[6] 王能民, 杨彤, 汪应洛. 项目环境中知识转移的策略研究[J]. 科学学与科学技术管理, 2006, (3): 68-74.

[7] Boh W F. Mechanisms for sharing knowledge in project-based organizations[J]. Information and Organization, 2007, 17(1): 27-58.

[8] Fernie S, Green S D, Weller S J, et al. Knowledge sharing: context, confusion and controversy[J]. International Journal of Project Management, 2003, 21(3): 177-187.

[9] Singer C A. Context-specific intellectual capital-the next link in the knowledge chain [J]. IBM Systems Journal, 2003, 42(3): 446-461.

[10] 徐宝祥, 叶培华. 知识表示的方法研究[J]. 情报科学, 2007, 25(5): 690-694.

[11] Allen W E. Establishing some basic project-management body-of-knowledge concepts[J]. International Journal of Project Management, 1995, 13(2): 77-82.

[12] 徐进, 朱菁. 国外项目知识管理研究进展[J]. 情报杂志, 2010, 29(4): 106-110.

[13] 徐进, 周国华, 武振业. 国内项目知识管理研究进展[J]. 世界科技研究与发展, 2010, 32(5): 730-733.

[14] Ayas K. Professional project management: a shift towards learning and a knowledge creating structure[J]. International Journal of Project Management, 1996, 14(3): 131-136.

[15] Hall R, Andriani P. Operationalising knowledge management concepts: the development of a technique for sharing knowledge in new product development projects[J]. International Journal of Innovation Management, 1999, 3(3): 307-334.

[16] Fong P S W. Knowledge creation in multidisciplinary project teams: an empirical study of the processes and their dynamic interrelationships[J]. International Journal of Project Management, 2003, 21(7): 479-486.

[17] Kasvi J J J, Vartiainen M, Hailikari M. Managing knowledge and knowledge competences in projects and project organisations[J]. International Journal of Project Management, 2003, 21(8): 571-582.

[18] Liebowitz J, Megbolugbe I. A set of frameworks to aid the project manager in conceptualizing and implementing knowledge management initiatives[J]. International Journal of Project Management, 2003, 21(3): 189-198.

[19] Schindler M, Eppler M J. Harvesting project knowledge: a review of project learning methods and success factors[J]. International Journal of Project Management, 2003, 21(3): 219-228.

[20] Nielsen L, Madsen S. Storytelling as method for sharing knowledge across IT Projects[C]. Proceedings of the 39th Annual Hawaii International Conference on System Sciences, 2006.

[21] Jackson P, Klobas J. Building knowledge in projects: a practical application of social constructivism to information systems development[J]. International Journal of Project Management, 2008, 26(4): 329-337.

[22] Ku K-C, Wensley A, Kao H-P. Ontology-based knowledge management for joint venture projects[J]. Expert Systems with Applications, 2008, 35(1): 187-197.

[23] Newell S, Huang J. Knowledge integration processes and dynamics within the context of cross-functional projects[J]. International Journal of Project Management, 2003, 21(3): 167-176.

[24] Ramaprasad A, Prakash A N. Emergent project management: how foreign managers can leverage local knowledge[J]. International Journal of Project Management, 2003, 21(3): 199-205.

[25] Ebert C, Man J D. Effectively utilizing project, product and process knowledge[J]. Information and Software Technology, 2008, 50(6): 579-594.

[26] 仇元福,潘旭伟,顾新建. 项目管理中的知识集成方法和系统[J]. 科学学与科学技术管理, 2002, (8): 36-39.

[27] 李红兵,李蕾. 工程项目环境下的知识管理方法研究[J]. 科技进步与对策, 2004, (5): 14-16.

[28] 王娟茹,赵嵩正. 面向项目管理的知识集成模型和机制[J]. 科学学与科学技术管理, 2004, (1): 81-84.

[29] 张喜征. 基于强联系的创新性虚拟项目团队知识整合研究[J]. 情报杂志, 2005, (11): 8-10.

[30] 贾晓霞,周溪召. 面向合作研发项目的企业知识集成管理模式研究[J]. 科学学与科学技术管理, 2007, (3): 83-88.

[31] 孙中桥. 基于项目的知识管理结构模型研究[J]. 西安科技大学学报, 2007, 27(1): 124-129.

[32] 张新元,梁丽雅. 知识集成的工作流系统在项目管理中的应用[J]. 科技进步与对策, 2008, 25(4): 95-97.

[33] Owen J, Burstein F, Mitchell S. Knowledge reuse and transfer in a project management environment[J]. Journal of Information Technology Cases and Applications, 2004, 6(4): 21-35.

[34] Laframboise K, Croteau A-M, Beaudry A, et al. Interdepartmental knowledge transfer success during information technology projects[J]. International Journal of Knowledge Management, 2007, 3(2): 47-68.

[35] Ordanini A, Rubera G, Sala M. Integrating functional knowledge and embedding learning in new product launches: how project forms helped emi music[J]. Long Range Planning, 2008, 41(1): 17-32.

[36] 赵坤,孙锐. 项目群管理过程中的知识转化结构[J]. 科学学与科学技术管理, 2005, (11): 102-105.

[37] 刘辉. 基于项目企业的知识管理问题研究[J]. 经济师, 2006, (1): 170-171.

[38] 王彦忠. 项目环境下的知识管理[J]. 经济论坛, 2006, (5): 67-69.

[39] 古继宝,张英,管凯. 知识密集型企业项目组间知识转移博弈分析[J]. 科学学研究, 2006, 24(增刊): 590-594.

[40] 李绍伟,路征远. 浅析工程项目公司知识管理体系的构建[J]. 交通企业管理, 2007, (12): 39-40.

[41] 赵璐,丁烈云. 基于知识的施工项目成本持续改进研究 [J]. 建筑经济, 2007, (9): 56-59.

[42] 张喜征, 刘捷, 张佳. 项目开发中的知识共享及演化仿生研究[J]. 科技进步与对策, 2008, 25(3): 157-160.

[43] 李晓明, 万迪昉, 汪应洛. 软件项目风险管理中隐性知识特性分析[J]. 生产力研究, 2009, (23): 194-196.

[44] Koskinen K U, Pihlanto P, Vanharanta H. Tacit knowledge acquisition and sharing in a project work context[J]. International Journal of Project Management, 2003, 21(4): 281-290.

[45] Adenfelt M, Lagerstrom K. Enabling knowledge creation and sharing in transnational projects[J]. International Journal of Project Management, 2006, 24(3): 191-198.

[46] Brookes N J, Morton S C, Dainty A R J, et al. Social processes, patterns and practices and project knowledge management: a theoretical framework and an empirical investigation[J]. International Journal of Project Management, 2006, 24(6): 474-482.

[47] Eskerod P, Skriver H J. Organizational culture restraining in-house knowledge transfer between project managers-a case study[J]. Project Management Journal, 2007, 38(1): 110-122.

[48] Ajmal M M, Koskinen K U. Knowledge transfer in project-based organizations: an organizational culture perspective[J]. Project Management Journal, 2008, 39(1): 7-15.

[49] Petter S, Randolph A B. Developing soft skills to manage user expectations in IT projects: knowledge reuse among IT project managers[J]. Project Management Journal, 2009, 40(4): 45-59.

[50] Karlsen J T, Gottschalk P. An empirical evaluation of knowledge transfer mechanisms for it projects[J]. Journal of Computer Information Systems, 2003, 44(1): 112-119.

[51] Karlsen J T, Gottschalk P. Factors affecting knowledge transfer in IT projects[J]. Engineering Management Journal, 2004, 16(1): 3-10.

[52] Desouza K C, Evaristo J R. Project management offices: a case of knowledge-based archetypes[J]. International Journal of Information Management, 2006, 26(5): 414-423.

[53] Newell S, Bresnen M, Edelman L, et al. Sharing knowledge across projects: limits to ict-led project review practices[J]. Management Learning, 2006, 37(2): 167-185.

[54] Burgers J H, van Den Bosch F A J, Volberda H W. Why new business development projects fail: coping with the differences of technological versus market knowledge[J]. Long Range Planning, 2008, 41(1): 55-73.

[55] Fong P S W, Kwok C W C. Organizational culture and knowledge management success at project and organizational levels in contracting firms[J]. Journal of Construction Engineering & Management, 2009, 135(12): 1348-1356.

[56] 吴志新. 对日软件外包企业的知识共享能力与外包项目完成度之间的实证研究[J]. 生产力研究, 2009, (22): 89-91.

[57] 王连娟. 密切性与项目团队隐性知识管理[J]. 科学学与科学技术管理, 2006, (2): 55-60.

[58] 王连娟, 张树林, 田旭. 项目团队中的隐性知识管理[J]. 图书情报工作, 2007, 51(4): 48-51.

[59] 李颖. 跨项目团队知识共享研究[J]. 科技进步与对策, 2006, (2): 89-91.

[60] 楚岩枫, 黄晓琼. 复杂产品系统研发项目知识转移有效性评价模型及仿真分析[J]. 科技进步与对策, 2013, 30(10): 127-130.

[61] Bresnen M, Edelman L, Newell S, et al. Social practices and the management of knowledge in project environments[J]. International Journal of Project Management, 2003, 21(3): 157-166.

[62] Hewitt B, Walz D. Using shared leadership to foster knowledge sharing in information systems development projects[C]. Proceedings of the 38th Annual Hawaii International Conference on System Sciences, 2005:256-260.

[63] Ruuska I, Vartiainen M. Characteristics of knowledge sharing communities in project organizations[J]. International Journal of Project Management, 2005, 23(5): 374-379.

[64] Whyte J, Ewenstein B, Hales M, et al. Visualizing knowledge in project-based work[J]. Long Range Planning, 2008, 41(1): 74-92.

[65] Ratcheva V. Integrating diverse knowledge through boundary spanning processes: the case of multidisciplinary project teams[J]. International Journal of Project Management, 2009, 27(3): 206-215.

[66] Ojha A K. Impact of team demography on knowledge sharing in software project teams[J]. South Asian Journal of Management, 2005, 12(3): 67-88.

[67] Marloes B, Roger Th A J L, Shaul M G, et al. Is trust really social capital? Knowledge sharing in product development projects[J]. Learning Organization, 2006, 13(6): 594-605.

[68] Sowe S K, Stamelos I, Angelis L. Understanding knowledge sharing activities in free/open source software projects: an empirical study[J]. Journal of Systems and Software, 2008, 81(3): 431-446.

[69] 张喜征, 刘祚艾. 项目开发中多个参与主体间知识转移机制及仿真分析[J]. 情报杂志, 2007, (11): 10-12.

[70] 汪克夷, 齐丽云, 任鹏. 项目团队中知识共享的影响因素研究——一个基于建筑行业的实证[J]. 情报杂志, 2008, 27(2): 79-83.

[71] 单汨源, 黄婧, 彭丹旎. 基于 TPB 理论的项目成员知识共享行为研究[J]. 科技管理研究, 2009,(7): 443-444, 450.

[72] 王连娟. 项目团队成员个人的知识学习[J]. 科技管理研究, 2009, (6): 460-463.

[73] 李倩, 周国华, 任晓艳. 知识型项目团队中冲突与知识转移关系的实证研究[J]. 科技管理研究, 2009, 29(5): 426-428.

[74] Akgun A E, Byrne J, Keskin H, et al. Knowledge networks in new product development projects: a transactive memory perspective[J]. Information & Management, 2005, 42(8): 1105-1120.

[75] Kotlarsky J, Oshri I. Social ties, knowledge sharing and successful collaboration in globally distributed system development projects[J]. European Journal of Information Systems, 2005, 14(1): 37-48.

[76] Bandyopadhyay S, Pathak P. Knowledge sharing and cooperation in outsourcing projects: a game theoretic analysis[J]. Decision Support Systems, 2007, 43(2): 349-358.

[77] Tesch D, Sobol M G, Klein G, et al. User and developer common knowledge: effect on the success of information system development projects[J]. International Journal of Project Management, 2009, 27(7): 657-664.

[78] Prencipe A, Tell F. Inter-project learning: processes and outcomes of knowledge codification in project-based firms[J]. Research Policy, 2001, 30(9): 1373-1394.

[79] 李蕾. 项目环境下知识管理绩效评价研究[J]. 科技进步与对策, 2005,(6): 39-40.

[80] 应晓磊, 强茂山. 我国工程建设项目多项目知识管理要素分析[J]. 工业技术经济, 2006, 25(10): 53-58.

[81] 安红昌, 安葳鹏, 金峰, 等. 信息系统项目管理中知识管理模糊评价的实证研究[J]. 北京工业大学学报, 2007, 33(4): 445-448.

[82] 蒋天颖, 丰景春. 基于 BP 神经网络的工程项目知识管理风险预警研究[J]. 情报杂志, 2009, 28(12): 48-51.

[83] 赵峰. 企业创新项目 R&D 中的知识管理绩效评价研究[J]. 科技进步与对策, 2009, 26(19): 134-137.

[84] 于建政, 汪克夷. 项目知识共享体系的构建与测量[J]. 科学学与科学技术管理, 2010, (1): 94-97.

[85] Tan H C, Carrillo P M, Anumba C J, et al. Development of a methodology for live capture and reuse of project knowledge in construction[J]. Journal of Management in Engineering, 2007, 23(1): 18-26.

[86] News I. UK: Knowledge-based systems in project management[J]. International Journal of Project Management, 1986, 4(1): 50-51.

[87] Taylor R M. Towards a knowledge-based model of project management[J]. International Journal of Project Management, 1991, 9(3): 169-178.

[88] de Jong T, de Hoog R, Schreiber G. Knowledge acquisition for an integrated project management system[J]. Information Processing & Management, 1988, 24(6): 681-691.

[89] Srikanth R, Jarke M. The design of knowledge-based systems for managing Ill-structured software projects[J]. Decision Support Systems, 1989, 5(4): 425-447.

[90] Diekmann J E, Al-Tabtabai H. Knowledge-based approach to construction project control[J]. International Journal of Project Management, 1992, 10(1): 23-30.

[91] Bohanec M, Rajkovic V, Semolic B, et al. Knowledge-based portfolio analysis for project evaluation[J]. Information & Management, 1995, 28(5): 293-302.

[92] Leung H M, Chuah K B, Tummala V M R. A knowledge-based system for identifying potential project risks[J]. Omega, 1998, 26(5): 623-638.

[93] Neap H S, Celik T. A knowledge-based system for determination of marginal value of building projects[J]. Expert Systems with Applications, 2001, 21(3): 119-129.

[94] Tian Q, Ma J, Liu O. A hybrid knowledge and model system for R&D project selection[J]. Expert Systems with Applications, 2002, 23(3): 265-271.

[95] García M N, Quintales L A M, Peñalvo F J a, et al. Building knowledge discovery-driven models for decision support in project management[J]. Decision Support Systems, 2004, 38(2): 305-317.

[96] Barthes J-P A, Tacla C A. Agent-supported portals and knowledge management in complex R&D projects[J]. Computers in Industry, 2002, 48(1): 3-16.

[97] Hameri A-P, Puittinen R. WWW-enabled knowledge management for distributed engineering projects[J]. Computers in Industry, 2003, 50(2): 165-177.

[98] Udeaja C E, Kamara J M, Carrillo P M, et al. A web-based prototype for live capture and reuse of construction project knowledge[J]. Automation in Construction, 2008, 17(7): 839-851.

[99] 丁祥海, 唐任仲. 项目管理中创新知识管理的研究[J]. 科研管理, 2002, 23(2): 110-115.

[100] 高琰, 谷士文, 李建华, 等. 软件项目管理的知识语义模型[J]. 计算机工程, 2004, 30(2): 89-91.

[101] 徐淼, 徐伟, 张道顺. 知识门户在工程项目管理中的应用[J]. 科研管理, 2005, 26(1): 71-75.

[102] 郑铁松, 齐二石, 裴小兵. 知识地图及其在高科技复杂产品项目组织结构中的应用[J]. 系统工程, 2007, 25(5): 116-119.

[103] Damm D, Schindler M. Security issues of a knowledge medium for distributed project work[J]. International Journal of Project Management, 2002, 20(1): 37-47.

[104] Petter S, Mathiassen L, Vaishnavi V. Five keys to project knowledge sharing[J]. IT Professional, 2007, 9(3): 42-46.

[105] Chi Y-L, Chen C-Y. Project teaming: Knowledge-intensive design for composing team members[J]. Expert Systems with Applications, 2009, 36(5): 9479-9487.

[106] Adomavicius G, Tuzhilin A. Toward the next generation of recommender systems: a survey of the state-of-the-art and possible extensions[J]. IEEE Transactions on Knowledge & Data Engineering, 2005, 17(6): 734-749.

[107] Dan G. The first recommender system[J]. Communications of the ACM, 1997, 40(9): 23.

[108] Resnick P, Varian H R. Recommender systems[J]. Communications of the ACM, 1997, 40(3): 56-58.

[109] Zanker M, Jessenitschnig M, Jannach D, et al. Comparing recommendation strategies in a commercial context[J]. IEEE Intelligent Systems, 2007, 22(3): 69-73.

[110] Balabanovic´ M, Shoham Y. Fab: content-based, collaborative recommendation[J]. Communications of the ACM, 1997, 40(3): 66-72.

[111] Byung Kwon O. "I know what you need to buy": context-aware multimedia-based recommendation system[J]. Expert Systems with Applications, 2003, 25(3): 387-400.

[112] Adomavicius G, Sankaranarayanan R, Sen S, et al. Incorporating contextual information in recommender systems using a multidimensional approach[J]. ACM Transactions on Information Systems, 2005, 23(1): 103-145.

[113] Park H-S, Yoo J-O, Cho S-B. A context-aware music recommendation system using fuzzy Bayesian networks with utility theory[C]. Proceedings of Fuzzy Systems and Knowledge Discovery, 2006.

[114] Choeh J Y, Song H S, Kim S H. MCORE: a context-sensitive recommendation system for the mobile Web[J]. Expert Systems, 2007, 24(1): 32-46.

[115] Buser D C. Context-based recommender systems in conventional grocery-an economic analysis[C]. The 40th Annual Hawaii International Conference on System Sciences, 2007.

[116] Yap G-E, Tan A-H, Pang H-H. Discovering and exploiting causal dependencies for robust mobile context-aware recommenders[J]. IEEE Transactions on Knowledge and Data Engineering, 2007, 17(7): 977-992.

[117] 曾春, 邢春晓, 周立柱. 个性化服务技术综述[J]. 软件学报, 2002, 13(10): 1952-1961.

[118] 黄晓斌, 黄少宽. 因特网信息过滤研究[J]. 图书情报工作, 2000, (7): 42-45.

[119] 曾春, 邢春晓, 周立柱. 基于内容过滤的个性化搜索算法[J]. 软件学报, 2003, 14(5): 1000-1004.

[120] 余力, 刘鲁, 罗掌华. 我国电子商务推荐策略的比较分析[J]. 系统工程理论与实践, 2004, (8): 96-101.

[121] 许敏, 邱玉辉. 电子商务中推荐系统存在的问题及其对策研究[J]. 计算机科学, 2001, 28(4): 122-124.

[122] 余力, 刘鲁, 李雪峰. 用户多兴趣下的个性化推荐算法研究[J]. 计算机集成制造系统-CIMS, 2004, 10(12): 1610-1615.

[123] 周惠宏, 柳益君, 张尉青, 等. 推荐技术在电子商务中的运用综述[J]. 计算机应用研究, 2004, (1): 8-12.

[124] 吴丽花, 刘鲁. 个性化推荐系统用户建模技术综述[J]. 情报学报, 2006, 25(1): 55-62.

[125] 刘平峰, 聂规划, 陈冬林. 电子商务推荐系统中推荐策略的自适应性[J]. 计算机工程与应用, 2007, 43(4): 23-25.

[126] Cole K, Fischer O, Saltzman P. Just-in-time knowledge delivery[J]. Communications of the ACM, 1997, 40(7): 49-53.

[127] Nakagawa A, Ito T. An implementation of a knowledge recommendation system based on similarity among users' profiles[C]. Proceedings of the 41st SICE Annual Conference, 2002.

[128] Wang C-Y, Wei F-H, Chao P-Y, et al. Extending e-books with contextual knowledge recommenders by analyzing personal portfolio and annotation to help learners solve problems in time[C]. Proceedings of IEEE International Conference on Advanced Learning Technologies, 2004.

[129] Chen G-D, Wei F-H, Wang C-Y, et al. Extending e-book with contextual knowledge recommender for reading support on a web-based learning system[J]. International Journal on E-Learning, 2007, 6(4): 605.

[130] Li H, Liu L, Lv C. Knowledge recommendation services based on knowledge interest groups[C]. 2006 International Conference on Service Systems and Service Management, 2006.

[131] de Rezende J L, Pereira V B, Xexeo G, et al. Building a personal knowledge recommendation system using agents, learning ontologies and web mining[C]. The 10th International Conference on Computer Supported Cooperative Work in Design, 2006.

[132] Wang H-C, Chang Y-L. PKR: a personalized knowledge recommendation system for virtual research communities[J]. Journal of Computer Information Systems, 2007, 48(1): 31-41.

[133] Liang T-P, Yang Y-F, Chen D-N, et al. A semantic-expansion approach to personalized knowledge recommendation[J]. Decision Support Systems, 2008, 45(3): 401-412.

[134] 冯勇, 徐红艳. 一种面向知识型组织的岗位知识推送系统构建框架[J]. 辽宁大学学报(自然科学版), 2006, 33(3): 269-272.

[135] 周明建, 陶俊才. 知识管理系统中的知识推送[J]. 计算机辅助设计与图形学学报, 2006, 18(8): 1218-1223.

[136] 蔡淑琴, 林森, 梁凯春. 基于关联规则的知识推荐算法[J]. 武汉理工大学学报(信息与管理工程版), 2007, 29(3): 1-4.

[137] 冯博, 樊治平. 一种面向客户的知识推送模型[J]. 管理学报, 2007, 4(5): 570-574.

[138] 冯勇, 樊治平, 冯博, 等. 企业客户服务中心知识推送系统构建研究[J]. 计算机集成制造系统, 2007, 13(5): 1015-1020.

[139] 贾骥, 刘新宇. 战略客户驱动的个性化知识推送服务[J]. 中国质量, 2007, (5): 42-44.

[140] 江丽萍, 康平立. 知识型组织中基于本体的知识推送系统研究[J]. 情报杂志, 2007, (8): 79-81.

[141] 赵杨. 基于语义网格的数字图书馆知识推送服务系统研究[J]. 情报科学, 2007, 25(12): 1869-1873.

[142] 徐进, 朱菁. 国内外知识情境研究综述[J]. 情报杂志, 2009, 28(3): 23-30.

[143] Whitaker R. Managing context in enterprise knowledge processes[J]. European Management Journal, 1996, 14(4): 399-406.

[144] Nonaka I, Konno N. The concept of "Ba": building a foundation for knowledge creation[J]. California Management Review, 1998, 40(3): 40-54.

[145] Germain R, Dröge C, Christensen W. The mediating role of operations knowledge in the relationship of context with performance[J]. Journal of Operations Management, 2001, 19(4): 453-469.

[146] Foss N J, Pedersen T. Transferring knowledge in MNCs: the role of sources of subsidiary knowledge and organizational context[J]. Journal of International Management, 2002, 8(1): 49-67.

[147] Reinmoeller P, Chong L C. Managing the knowledge-creating context: a strategic time approach[J]. Creativity & Innovation Management, 2002, 11(3): 165-174.

[148] Dröge C, Claycomb C, Germain R. Does knowledge mediate the effect of context on performance? Some initial evidence[J]. Decision Sciences, 2003, 34(3): 541-568.

[149] Barrett M, Cappleman S, Shoib G, et al. Learning in knowledge communities: managing technology and context[J]. European Management Journal, 2004, 22(1): 1-11.

[150] Sabri H. Knowledge management in its context: adapting structure to a knowledge creating culture[J]. International Journal of Commerce & Management, 2005, 15(2): 113-128.

[151] Kim S, Lee H. The impact of organizational context and information technology on employee knowledge-sharing capabilities[J]. Public Administration Review, 2006, 66(3): 370-385.

[152] Choo A S, Linderman K W, Schroeder R G. Method and context perspectives on learning and knowledge creation in quality management[J]. Journal of Operations Management, 2007, 25(4): 918-931.

[153] Sveiby K E. Disabling the context for knowledge work: the role of managers' behaviours[J]. Management Decision, 2007, 45(10): 1636-1655.

[154] Yakhlef A. Knowledge transfer as the transformation of context[J]. The Journal of High Technology Management Research, 2007, 18(1): 43-57.

[155] Williams C. Transfer in context: replication and adaptation in knowledge transfer relationships[J]. Strategic Management Journal, 2007, 28(9): 867-889.

[156] Evangelista F, Hau L N. Organizational context and knowledge acquisition in IJVs: an empirical study[J]. Journal of World Business, 2009, 44(1): 63-73.

[157] Gupta A K, Govindarajan V. Knowledge flows and the structure of control within multinational corporations[J]. Academy of Management Review, 1991, 16(4): 768-792.

[158] Szulanski G. Exploring internal stickiness: impediments to the transfer of best practice within the firm[J]. Strategic Management Journal, 1996, 17(Special Issue): 27-43.

[159] Kostova T. Transnational transfer of strategic organizational practices: a contextual perspective[J]. Academy of Management Review, 1999, 24(2): 308-324.

[160] Argote L, McEvily B, Reagans R. Managing knowledge in organizations: an integrative framework and review of emerging themes[J]. Management Science, 2003, 49(4): 571-582.

[161] Cummings J L, Teng B-S. Transferring R&D knowledge: the key factors affecting knowledge transfer success[J]. Journal of Engineering and Technology Management, 2003, 20(1/2): 39-68.

[162] Blackler F. Knowledge, knowledge work and organizations: an overview and interpretation[J]. Organization Studies, 1995, 16(6): 1020-1046.

[163] Thompson M P A, Walsham G. Placing knowledge management in context[J]. Journal of Management Studies, 2004, 41(5): 725-747.

[164] Joshi K D, Sarker S, Sarker S. The impact of knowledge, source, situational and relational context on knowledge transfer during ISD process[C]. Proceedings of the 38th Annual Hawaii International Conference on System Sciences, 2005.

[165] Raghu T S, Vinze A. A business process context for knowledge management[J]. Decision Support Systems, 2007, 43(3): 1062-1079.

[166] Ozturk P, Aamodt A. A context model for knowledge-intensive case-based reasoning[J]. International Journal of Human-Computer Studies, 1998, 48(3): 331-355.

[167] Voida S, Mynatt E D, MacIntyre B, et al. Integrating virtual and physical context to support knowledge workers[J]. IEEE Pervasive Computing, 2002, 1(3): 73-79.

[168] Kwan M M, Balasubramanian P. KnowledgeScope: managing knowledge in context[J]. Decision Support Systems, 2003, 35(4): 467-486.

[169] Ahn H J, Lee H J, Cho K, et al. Utilizing knowledge context in virtual collaborative work[J]. Decision Support Systems, 2005, 39(4): 563-582.

[170] Smirnov A, Pashkin M, Chilov N, et al. Context-based knowledge integration for operational decision support in network-centric environment[C]. Proceedings of the 2005 IEEE International Conference on Computational Intelligence for Homeland Security and Personal Safety, 2005.

[171] Deeb K K. A context-based ontological structure for knowledge sharing and customization[C]. International Symposium on Collaborative Technologies and Systems, 2006.

[172] Liang K, Cai S, Zhao Q. Context-based knowledge recommendation: a 3-d collaborative filtering approach[C]. The 5th IEEE International Conference on Industrial Informatics, 2007.

[173] Zhu X, Pan X, Wang S. Approaches to context-based knowledge share and reuse[C]. Fourth International Conference on Fuzzy Systems and Knowledge Discovery, 2007.

[174] Bobillo F, Delgado M, Gomez-Romero J. Representation of context-dependant knowledge in ontologies: a model and an application[J]. Expert Systems with Applications, 2008, 35(4): 1899-1908.

[175] Takashiro T, Takeda H. A context based approach to acquisition and utilization of personal knowledge for WWW browsing[C]. Proceedings of Fourth International Conference on Knowledge-Based Intelligent Engineering Systems and Allied Technologies, 2000.

[176] Bouquet P, Ghidini C, Giunchiglia F, et al. Theories and uses of context in knowledge representation and reasoning[J]. Journal of Pragmatics, 2003, 35(3): 455-484.

[177] Vallet D, Vallet D, Castells P, et al. Personalized content retrieval in context using ontological knowledge[J]. IEEE Transactions on Circuits and Systems for Video Technology, 2007, 17(3): 336-346.

[178] Richter M M. The search for knowledge, contexts, and case-based reasoning[J]. Engineering Applications of Artificial Intelligence, 2009, 22(1): 3-9.

[179] 徐金发, 许强, 顾惊雷. 企业知识转移的情境分析模型[J]. 科研管理, 2003, 24(2): 54-60.

[180] 邸强, 张超, 唐元虎. 组织知识产生和分享的情境研究[J]. 情报科学, 2005, 23(10): 1564-1567.

[181] 王清晓, 杨忠. 跨国公司母子公司之间的知识转移研究:一个情境的视角[J]. 科学学与科学技术管理,

2005, (6): 81-86.

[182] 许强, 刘翌, 贺燕敏. 母子公司管理度剖析——基于情境的知识转移研究视角[J]. 科学学研究, 2006, 24(2): 273-278.

[183] 余光胜, 刘卫, 唐郁. 知识属性、情境依赖与默会知识共享条件研究[J]. 研究与发展管理, 2006, 18(6): 23-29.

[184] 琚春华, 肖亮. 基于"情境知识"的产品生命周期评价模型[J]. 管理世界, 2007, (7): 160-161.

[185] 马骏, 仲伟周, 陈燕. 基于知识转移情境的知识转移成本影响因素分析[J]. 北京工商大学学报(社会科学版), 2007, 22(3): 102-108.

[186] 梁祺, 雷星晖. 集成情境的知识治理系统构建研究[J]. 科技进步与对策, 2013, 30(11): 134-139.

[187] 肖亮. 集成知识情境的分布式供应链物流计划过程模型[J]. 科技进步与对策, 2007, 24(7): 132-135.

[188] 潘旭伟, 顾新建, 程耀东, 等. 集成情境的知识管理模型[J]. 计算机集成制造系统, 2006, 12(2): 225-230.

[189] 潘旭伟, 顾新建, 王正成, 等. 集成情境的知识管理方法和关键技术研究[J]. 计算机集成制造系统, 2007, 13(5): 971-977.

[190] 祝锡永, 潘旭伟, 王正成. 基于情境的知识共享与重用方法研究[J]. 情报学报, 2007, 26(2): 179-184.

[191] 秦雅楠, 由丽萍, 董文博, 等. 一种基于框架的情境知识表示方法[J]. 情报杂志, 2011, 30(01): 155-158.

[192] 李敏. 基于知识情境协作的企业竞争信息语义获取与过滤研究[J]. 东北师大学报(哲学社会科学版), 2013, (4): 63-66.

[193] Porter L W. Forty years of organization studies: reflections from a micro perspective[J]. Administrative Science Quarterly, 1996, 41(2): 262-269.

[194] Johns G. The essential impact of context on organizational behavior[J]. The Academy of Management Review, 2006, 31(2): 386-408.

[195] Nonaka I. The knowledge creating company[J]. Harvard Business Review, 1991, (Nov-Dec): 96-104.

[196] Davenport T H, Prusak L. Working Knowledge: How Organizations Manage What They Know[M]. Boston: Harvard Business School Press, 1998.

[197] Davenport T H, Long D W D, Beers M C. Successful knowledge management projects[J]. Sloan Management Review, 1998, 39(2): 43-57.

[198] 权太范. 知识工程发展概述[J]. 机器人, 1985, (1): 1-4.

[199] Polanyi M. The logic of tacit inference[J]. Philosophy, 1966, 41(155): 1-18.

[200] Nonaka I. A dynamic theory of organizational creation[J]. Organization Science, 1994, 5(1): 14-35.

[201] 王众托. 项目管理中的知识管理问题[J]. 土木工程学报, 2003, 36(3): 1-6.

[202] 左美云. 国内外企业知识管理研究综述[J]. 工业企业管理, 2000, (3): 31-37.

[203] OECD. The knowledge-based economy[R]. Parrs: OECD, 1996.

[204] Duncan W R. Developing a project-management body-of-knowledge document: the US Project Management Institute's approach, 1983-94[J]. International Journal of Project Management, 1995, 13(2): 89-94.

[205] Wideman R M. Criteria for a project-management body of knowledge[J]. International Journal of Project Management, 1995, 13(2): 71-75.

[206] PMI. A guide to the project management body of knowledge (PMBOK Guide)[M]. 5th ed. Newtown Square: Project Management Institute, Inc,2012.

[207] 尹贻林, 朱俊文. 项目管理知识体系的发展研究[J]. 中国软科学, 2003,(8):103-105.

[208] Willis B E. APM project-management body of knowledge: the European view[J]. International Journal of Project Management, 1995, 13(2): 95-98.

[209] Wirth I, Tryloff D E. Preliminary comparison of six efforts to document the project-management body of knowledge[J]. International Journal of Project Management, 1995, 13(2): 109-118.

[210] Morris P W G, Patel M B, Wearne S H. Research into revising the APM project management body of knowledge[J]. International Journal of Project Management, 2000, 18(3): 155-164.

[211] 徐绪松, 曹平, 龙虎. 基于知识管理的项目管理知识体系框架[J]. 管理世界, 2003,(4): 146, 148.

[212] Morris P W G, Crawford L, Hodgson D, et al. Exploring the role of formal bodies of knowledge in defining a profession:the case of project management[J]. International Journal of Project Management, 2006, 24(8): 710-721.

[213] Conroy G, Soltan H. ConSERV, as a continual audit concept to provide traceability and accountability over the project life cycle[J]. International Journal of Project Management, 1998, 16(3): 185-197.

[214] 席运江, 党延忠. 基于加权知识网络的组织知识存量表示与度量[J]. 科学学研究, 2007,(3): 493-497.

[215] Cohen D. Toward a knowledge context: report on the first annual u.c. berkeley forum on knowledge and the firm[J]. California Management Review, 1998, 40(3): 22-39.

[216] Gray P H, Meister D B. Knowledge sourcing effectiveness[J]. Management Science, 2004, 50(6): 821-834.

[217] Pugh D S, Hickson D J, Hinings C R, et al. The context of organization structures[J]. Administrative Science Quarterly, 1969, 14(1): 91-114.

[218] Davis P S, Schul P L. Addressing the contingent effects of business unit strategic orientation on relationships between organizational context and business unit performance[J]. Journal of Business Research, 1993, 27(3): 183-200.

[219] Ghoshal S, Bartlett C A. Linking organizational context and managerial action: the dimensions of quality of management[J]. Strategic Management Journal, 1994, 15(Summer): 91-112.

[220] Doolen T L, Hacker M E, van Aken E M. The impact of organizational context on work team effectiveness: a study of production team[J]. IEEE Transactions on Engineering Management, 2003, 50(3): 285-296.

[221] 周国华, 马丹, 徐进, 等. 组织情境对项目成员知识共享意愿的影响研究[J]. 管理评论, 2014, 26(5): 61-70.

[222] Walton R E, Dutton J M, Cafferty T P. Organizational context and interdepartmental conflict[J]. Administrative Science Quarterly, 1969, 14(4): 522-542.

[223] Xu J, Liao S S Y. Organizational context components in information systems research: a literature review[C]. International Conference on Engineering and Business Management, 2010.

[224] Xu J, Zhu J, Liao S S Y. Organizational context in information systems research: perspectives and components[C]. International Conference on Management and Service Science, 2011.

[225] Keen P G W. Information systems and organizational change[J]. Commun ACM, 1981, 24(1): 24-33.

[226] Hirschheim R, Porra J, Parks M S. The evolution of the corporate IT function and the role of the CIO at Texaco:

how do perceptions of IT's performance get formed?[J]. SIGMIS Database, 2003, 34(4): 8-27.

[227] Kling R. The organizational context of user-centered software designs[J]. MIS Quarterly, 1977, 1(4): 41-52.

[228] Ein-Dor P, Segev E. Organizational context and the success of management information systems[J]. Management Science, 1978, 24(10): 1064-1077.

[229] Benbasat I, Zmud R W. The identity crisis within the is discipline: defining and communicating the discipline's core properties[J]. MIS Quarterly, 2003, 27(2): 183-194.

[230] Dobson M, Gros B. Organisational computer supported collaborative learning: the affect of context[J]. Computers in Human Behavior, 2001, 17(5/6): 431-437.

[231] Ives B, Hamilton S, Davis G B. A framework for research in computer-based management information systems[J]. Management Science, 1980, 26(9): 910-934.

[232] Mason R O, Mitroff I I. A program for research on management information systems[J]. Management Science, 1973, 19(5): 475-487.

[233] Culnan M J. The intellectual development of management information systems, 1972-1982: a co-citation analysis[J]. Management Science, 1986, 32(2): 156-172.

[234] Barki H, Rivard S, Talbot J. A keyword classification scheme for is research literature: an update[J]. MIS Quarterly, 1993, 17(2): 209-226.

[235] Urquhart C. Analysts and clients in organisational contexts: a conversational perspective[J]. Journal of Strategic Information Systems, 2001, 10(3): 243-262.

[236] Franz C R, Robey D. Organizational context, user involvement, and the usefulness of information systems[J]. Decision Sciences, 1986, 17(3): 329-356.

[237] Raymond L. Organizational context and information systems success: a contingency approach[J]. Journal of Management Information Systems, 1990, 6(4): 5-20.

[238] Zeffane R, Cheek B. The differential use of written, computer-based and verbal information in an organizational context an empirical exploration[J]. Information & Management, 1995, 28(2): 107-121.

[239] Lai V S, Guynes J L. An assessment of the influence of organizational characteristics on information technology adoption decision: a discriminative approach[J]. IEEE Transactions on Engineering Management, 1997, 44(2): 146-157.

[240] Wang E T G, Tai J C F. Factors affecting information systems planning effectiveness: organizational contexts and planning systems dimensions[J]. Information & Management, 2003, 40(4): 287-303.

[241] Grudin J. The organizational contexts of development and use[J]. ACM Computing Surveys (CSUR), 1996, 28(1): 169-171.

[242] Lee S, Han I. The impact of organizational contexts on EDI controls[J]. International Journal of Accounting Information Systems, 2000, 1(3): 153-177.

[243] Ein-Dor P, Segev E. Organizational context and MIS structure: some empirical evidence[J]. MIS Quarterly, 1982, 6(3): 55-68.

[244] Lee G G, Pai J-C. Effects of organizational context and inter-group behaviour on the success of strategic

information systems planning: an empirical study[J]. Behaviour & Information Technology, 2003, 22(4): 263-280.

[245] Petrini M, Pozzebon M. Managing sustainability with the support of business intelligence: integrating socio-environmental indicators and organisational context[J]. Journal of Strategic Information Systems, 2009, 18(4): 178-191.

[246] Denison D R. What is the difference between organizational culture and organizational climate? A native's point of view on a decade of paradigm wars[J]. The Academy of Management Review, 1996, 21(3): 619-654.

[247] Robey D, Rodriguez-Diaz A. The organizational and cultural context of systems implementation: case experience from Latin America[J]. Information & Management, 1989, 17(4): 229-239.

[248] Teng J T C, Fiedler K D, Grover V. An exploratory study of the influence of the IS function and organizational context on business process reengineering project initiatives[J]. Omega, 1998, 26(6): 679-698.

[249] Chou S-W. Computer systems to facilitating organizational learning: IT and organizational context[J]. Expert Systems with Applications, 2003, 24(3): 273-280.

[250] Hill N S, Bartol K M, Tesluk P E, et al. Organizational context and face-to-face interaction: Influences on the development of trust and collaborative behaviors in computer-mediated groups[J]. Organizational Behavior and Human Decision Processes, 2009, 108(2): 187-201.

[251] Owen C A. The role of organisational context in mediating workplace learning and performance[J]. Computers in Human Behavior, 2001, 17(5/6): 597-614.

[252] Dillard J. Responding to expanding accountability regimes by re-presenting organizational context[J]. International Journal of Accounting Information Systems, 2008, 9(1): 21-42.

[253] Chenhall R H. Management control systems design within its organizational context: findings from contingency-based research and directions for the future[J]. Accounting, Organizations and Society, 2003, 28(2/3): 127-168.

[254] Hinton C M, Kaye G R. The hidden investments in information technology: the role of organisational context and system dependency[J]. International Journal of Information Management, 1996, 16(6): 413-427.

[255] Sahay S, Robey D. Organizational context, social interpretation, and the implementation and consequences of geographic information systems[J]. Accounting, Management and Information Technologies, 1996, 6(4): 255-282.

[256] Thong J Y L, Hong W, Tam K-Y. Understanding user acceptance of digital libraries: what are the roles of interface characteristics, organizational context, and individual differences?[J]. International Journal of Human-Computer Studies, 2002, 57(3): 215-242.

[257] Wang Y-S, Wang H-Y, Shee D Y. Measuring e-learning systems success in an organizational context: scale development and validation[J]. Computers in Human Behavior, 2007, 23(4): 1792-1808.

[258] Raymond L. Organizational characteristics and mis success in the context of small business[J]. MIS Quarterly, 1985, 9(1): 37-52.

[259] Bleistein S J, Cox K, Verner J, et al. B-SCP: A requirements analysis framework for validating strategic alignment of organizational IT based on strategy, context, and process[J]. Information and Software Technology, 2006, 48(9): 846-868.

[260] Lawrence B S. Organizational reference groups: a missing perspective on social context[J]. Organization Science, 2006, 17(1): 80-100.

[261] Dutton J E, Ashford S J, Lawrence K A, et al. Red light, green light: making sense of the organizational context for issue selling[J]. Organization Science, 2002, 13(4): 355-369.

[262] Sproull L, Kiesler S. Reducing social context cues: electronic mail in organizational communications[J]. Management Science, 1986, 32(11): 1492-1512.

[263] Wang E T G. Linking organizational context with structure: a preliminary investigation of the information processing view[J]. Omega, 2001, 29(5): 429-443.

[264] Benson P G, Saraph J V, Schroeder R G. The effects of organizational context on quality management: an empirical investigation[J]. Management Science, 1991, 37(9): 1107-1124.

[265] Gopalakrishnan S, Damanpour F. The impact of organizational context on innovation adoption in commercial banks[J]. IEEE Transactions on Engineering Management, 47(1): 14-25.

[266] Friedman S D, Singh H. CEO succession and stockholder reaction: the influence of organizational context and event content[J]. The Academy of Management Journal, 1989, 32(4): 718-744.

[267] Falbe C M, Dandridge T C, Kumar A. The effect of organizational context on entrepreneurial strategies in franchising[J]. Journal of Business Venturing, 1999, 14(1): 125-140.

[268] Miller D, Droge C, Toulouse J-M. Strategic process and content as mediators between organizational context and structure[J]. The Academy of Management Journal, 1988, 31(3): 544-569.

[269] Keck S L, Tushman M L. Environmental and organizational context and executive team structure[J]. The Academy of Management Journal, 1993, 36(6): 1314-1344.

[270] Steensma H K, Corley K G. Organizational context as a moderator of theories on firm boundaries for technology sourcing[J]. The Academy of Management Journal, 2001, 44(2): 271-291.

[271] Connor P E. Decision-making participation patterns: the role of organizational context[J]. The Academy of Management Journal, 1992, 35(1): 218-231.

[272] Álvarez-Gil M J, Burgos-Jiménez J, Céspedes-Lorente J J. An analysis of environmental management, organizational context and performance of Spanish hotels[J]. Omega, 2001, 29(6): 457-471.

[273] John K. Effective project management for strategic innovation and change in an organizational context[J]. Project Management Journal, 2003, 34(1): 43-53.

[274] Carbonell P, Rodríguez-Escudero A I. Relationships among team's organizational context, innovation speed, and technological uncertainty: an empirical analysis[J]. Journal of Engineering and Technology Management, 2009, 26(1/2): 28-45.

[275] Clinebell S, Shadwick G. The importance of organizational context on employees' attitudes: an examination of working in main offices versus branch offices[J]. Journal of Leadership & Organizational Studies, 2005, 11(2): 89-100.

[276] Chen Z, Wakabayashi M, Takeuchi N. A comparative study of organizational context factors for managerial career progress: focusing on Chinese state-owned, Sino-foreign joint venture and Japanese corporations[J]. The

International Journal of Human Resource Management, 2004, 15(4/5): 750-774.

[277] Malaviya P, Wadhwa S. Innovation management in organizational context: an empirical study[J]. Global Journal of Flexible Systems Management, 2005, 6(2): 1-14.

[278] Pfeffer J, Salancik G R. Organizational context and the characteristics and tenure of hospital administrators[J]. The Academy of Management Journal, 1977, 20(1): 74-88.

[279] Zhao X, Yeung A C L, Lee T S. Quality management and organizational context in selected service industries of China[J]. Journal of Operations Management, 2004, 22(6): 575-587.

[280] Elsbach K D, Barr P S, Hargadon A B. Identifying situated cognition in organizations[J]. Organization Science, 2005, 16(4): 422-433.

[281] Carlile P R, Rebentisch E S. Into the black box: the knowledge transformation cycle[J]. Management Science, 2003, 49(9): 1180-1195.

[282] 盛小平, 何立阳. 知识管理系统研究综述[J]. 图书馆, 2003, (1): 36-39.

[283] Davis R, Shrobe H, Szolovits P. What is a knowledge representation?[J]. AI Magazine, 1993, 14(1): 17-33.

[284] 蒋云良. 知识表示综述[J]. 湖州师专学报, 1995, (5): 18-22.

[285] 何绍华, 王非. 知识表示规范比较研究[J]. 情报理论与实践, 2007, (1): 8-10.

[286] 年志刚, 梁式, 麻芳兰, 等. 知识表示方法研究与应用[J]. 计算机应用研究, 2007, (5): 234-236, 286.

[287] 张建华, 郭增茂. 知识管理中知识表示绩效测度研究[J]. 情报杂志, 2013, (6): 197, 203-207.

[288] Gruber T R. Toward principles for the design of ontologies used for knowledge sharing?[J]. International Journal of Human-Computer Studies, 1995, 43(5/6): 907-928.

[289] Gruber T R. A translation approach to portable ontology specifications[J]. Knowledge Acquisition, 1993, 5(2): 199-220.

[290] W3C-OWL-Working-Group. OWL 2 web ontology language: document overview (second edition). https://www.w3.org/TR/owl2-overview/[2012-12-11].

[291] Berners-Lee T. Semantic web road map. http://www.w3.org/DesignIssues/Semantic.html[1998-10-14].

[292] Berners-Lee T, Hendler J, Lassila O. The semantic web[J]. Scientific American, 2001, 284(5): 28-37.

[293] Guarino N. Understanding, building and using ontologies[J]. International Journal of Human-Computer Studies, 1997, 46(2/3): 293-310.

[294] van Heijst G, Schreiber A T, Wielinga B J. Using explicit ontologies in KBS development[J]. International Journal of Human-Computer Studies, 1997, 46(2/3): 183-292.

[295] Chandrasekaran B, Josephson J R, Benjamins V R. What are ontologies, and why do we need them?[J]. IEEE Intelligent Systems and their Applications, 1999, 14(1): 20-26.

[296] ISO/IEC 19763-3:2010. Information technology: metamodel framework for interoperability (MFI)-Part 3: metamodel for ontology registration[EB/OL]. https://www.iso.org/standard/52069.html[2010-08-01].

[297] W3C-OWL-Working-Group. OWL web ontology language overview. https://www.w3.org/TR/owl-features/[2004-02-10].

[298] W3C-OWL-Working-Group. OWL 2 web ontology language: structural specification and functional-style syntax

(second edition). https://www.w3.org/TR/owl2-syntax/[2012-12-11].

[299] 杨建林. 知识表示与知识相关性度量研究[J]. 情报理论与实践, 2011, (5): 1-5.

[300] Euzenat J, Shvaiko P. Ontology Matching[M]. 2 nd. Berlin Heidelberg:Springer, 2013.

[301] Shvaiko P, Euzenat J. Ontology matching: state of the art and future challenges[J]. IEEE Transactions on Knowledge and Data Engineering, 2013, 25(1): 158-176.

[302] 郭树行, 兰雨晴, 金茂忠, 等. 基于情境树相似性的知识检索技术[J]. 计算机集成制造系统, 2008, 14(12): 2476-2483.

[303] 高碧红, 吴雯娜. 叙词表中概念树相似度计算[J]. 情报杂志, 2013, 32(5): 137,155-157.

[304] Tversky A. Features of similarity[J]. Psychological Review, 1977, 84(2): 327-352.

[305] O'Leary D E. Validation of expert systems: with applications to auditing and accounting expert systems[J]. Decision Sciences, 1987, 18(3): 468-486.

[306] Borenstein D. Towards a practical method to validate decision support systems[J]. Decision Support Systems, 1998, 23(3): 227-239.

[307] Bostock M, Ogievetsky V, Heer J. D^3 Data-Driven Documents[J]. IEEE Transactions on Visualization and Computer Graphics, 2011, 17(12): 2301-2309.

后 记

在本书完稿之际,我要对在研究学习和工作期间为我提供指导、帮助、鼓励的各位师友致以深深的感谢!尤其是我的导师武振业教授、廖少毅教授、李树良教授在本书的选题、研究和写作过程中从多方面提出了很多宝贵的意见。在此,诚挚地感谢三位老师对我学习、工作、生活多方面的辛勤教诲,他们对我的培养和关怀让我受益终身。在我的研究过程中还有很多老师、朋友及我的学生们提供了帮助,在此致以诚挚的谢意!

感谢我妻子多年来的支持、理解和爱,在我开展研究、赴外学习交流期间,她承担了抚养孩子的重任;感谢我可爱的女儿,她是我研究工作的重要动力;感谢我的父亲母亲、岳父岳母对我长期的支持与爱护!感谢已故的奶奶,真希望她能看到这本书!

本书的研究、出版受国家自然科学基金项目(71472158, 71490725, 71490722, 71271178, 71002064),成都市软科学研究项目(2015-RK00-00040-ZF),西南交通大学 2018 年研究生教材(专著)建设项目,以及"服务科学与创新"四川省重点实验室、综合交通大数据应用技术国家工程实验室的资助,在此一并致谢。